위너라이팅

WINNER WRITING

메타인지를 키우는 글쓰기

위너라이팅

알파 최지훈 지음

글쓰기를 잘하기 위한 방법론적 접근

글쓰기 실력을 키우려면 어떻게 해야 하나?

자기만의
글을 쓰자

조급해하지
말자

끝까지
살아남자

바른북스

추천사

알파 작가는 지난 2024년에만 3권의 책을 출간했습니다. 그는 살면서 100권 이상의 책을 출간하고자 하는 목표를 지닌 작가입니다. 실행 과정의 일환으로 매일 블로그에 7편의 글을 쓰고 있습니다. 그는 전업 작가가 아닙니다. 본업에 최선을 다하면서 출근 직전과 퇴근 이후의 시간과 업무 시간 내의 자투리 시간을 활용하여 다작을 하고 있는 작가입니다.

『위너라이팅』은 그 다작 노하우가 담긴 서적입니다. 저는 동료 작가이자 블로그 이웃으로서 알파 작가의 꾸준한 글쓰기를 봐왔습니다. 그는 2024년 한 해 동안 블로그에 5포스팅, 6포스팅, 7포스팅 점차적으로 글쓰기 양을 늘려왔습니다. 하루 평균 4시간씩 글을 씁니다. 본업을 유지하면서 작가 생활을 겸합니다. 좋아하기 때문에 가능합니다. 어떤 기술보다 우월한 것은 바로 그 대상에 대한 애정입니다. 알파 작가는 좋아하면 몰입할 수 있다고 강조합니다.

그는 독서를 권유합니다. 매일 최소 한 권의 책을 읽습니다. 매일 하는 독서를 통해 글쓰기의 재료를 얻을 수 있습니다. 잘 쓰려면 잘 읽을 수밖에 없습니다. 알파 작가 본인의 글쓰기 작업 기초값은 1일 한 권 독서, 1일 7편의 글쓰기입니다. 그는 저마다 자신에 맞는 기초값을 정하고 매일 루틴처럼 채워야 한다고 주장합니다. 이렇게 『위너라이팅』 저자는 3년간 매일 글을 써왔습니다. "글 쓰는 사람에게 동굴의 시간이 필요하다."라고 말합니다. 앞서 말한 독서 이외에 사유의 시간이 필요하기 때문입니다. 저자는 매일 아침 명상의 시간을 갖습니다. 전작 『위너모닝』의 맥과 맞닿고 있는 이야기이기도 합니다.

본서에서 세부적인 팁을 전수합니다. 예를 들어 "구체적인 연도를 사용하자."라는 팁은 저도 미처 생각하지 못한 노하우입니다. 독자마다 그 연도에 따른 주관적 기억이 다른 상황입니다. 여기다가 객관적 사실이 더해지면 각자 글을 대하는 생각의 폭을 넓힐 수 있다는 주장입니다.

또한 같은 말을 반복하는 것은 지루한 인상을 줄 수 있습니다. 사전을 보며 동의어로 바꿔 활용하는 것도 실전적인 팁입니다. 알파 작가는 틈새 시간을 공략하자고 말합니다. 업무 시간에도 틈틈이 비는 시간이 있습니다. 그는 요긴하게 자투리 시간에 짧은 글을 씁니다. 영감은 불쑥 찾아오곤 합니다. 그때마다 얼른 메모합니다. 그는 마감효과를 활용합니다. 주변 사람들과 SNS에 언제까지 책을 출간하겠다고 공언합니다.

글감이 부족하다면 필요한 도구는 단연 독서입니다. 출력할 의도만 있다면 인풋은 자연스레 아웃풋과 연결됩니다. 하루 중 있었던 에피소드를 기록하는 습관이 있으면 좋습니다. 각자의 경험은 고유합니다. 일상에서 글감을 찾는 것이 삶이 글이 되고, 글이 삶이 되는 방법이지요. 알파 작가는 처음에 일기부터 시작하라고 권유합니다. 일상 이야기가 좋지요. 그러다가 차츰 책 쓰기를 염두에 두고 글을 써야 합니다. 나를 위한 글쓰기에서, 독자를 상정한 글쓰기로 나아가는 겁니다. 글쓰기의 시작은 나를 향하다가 어느덧 시선을 옮겨지는 시점이 있습니다. 그때는 독자를 위한 글을 써야 합니다. 그런 관점에서 본서에서는 전자책과 종이책을 쓰는 노하우를 알려줍니다.

글은 날개가 될 수 있습니다. 그렇기 위해서는 자기검열을 내려놓아야 합니다. 가끔 내면에서 검열의 목소리가 들립니다. 자기 자신을 비판하는 소리입니다. 그 소음을 극복하고 자유롭게 글을 써야 합니다. 계속 써야 글솜씨가 성장하지 않겠습니까? 이런 사실을 알파 작가는 강조합니다. 남을 베끼거나 굳이 글을 잘 쓰려고 애쓰는 것보다 내 이야기 또는 자신의 개성을 표현하는 글을 써야 합니다. 글을 꾸준히 쓰면서 자기 자신만의 문체를 만들어야 합니다. 글마다 작가의 개성이 묻어나오게 마련입니다.

꾸준함이라는 덕목을 강조하지 않는 작가는 세상에 없습니다. 알파 작가는 여기에 조금 더 살을 보탭니다. 꾸준한 시간에 최선을 더하라는 이야기입니다. 단지 시간만 오래 채워서는 역부족입니다. 조금씩 매일 갈고닦는 시간이 꾸준히 누적되어야 양적인 요소가 질적인 성과로 이어집니다.

글쓰기를 통해 인지 기능이 늘어난다는 작가의 의견에 동의합니다. 저 또한 2년 동안 꾸준하게 글을 써왔습니다. 그전과 지금을 같은 사람이라고 말할 수 있을까요? 존재의 차원이 달라졌다고 말 할 정도로 스스로 변했다고 자부합니다. 그렇기 때문에 알파 작가와 함께 독자 여러분께 꾸준한 글쓰기를 권유하고 싶습니다. 글쓰기는 인지 능력을 키울 뿐만 아니라 나를 강화하고, 내 삶을 더 진하게 만드는 도구입니다. 그 힘을 누려보세요.

『처음으로 공부가 재밌어지기 시작했다』 저자 임진강(데미안)

평소 존경하는 알파 님 글을 즐겨 읽는 편이지만, 책으로 보는 알파 님 글의 전달력은 더 큰 영감과 깨우침을 주고 있다.

이 책은 글쓰기의 기본 원칙부터 심화 기술까지 폭넓게 다루고 있으며, 단편, 단편의 끝맺음으로 독자들도 쉽게 이해하고 적용할 수 있도록 구성되어 있다.
이 책의 가장 큰 장점은 글쓰기 실력을 업그레이드시키고 루틴화시키는 방법을 저자의 풍부한 생각과 경험에 비추어 일목요연하게 설명하고 있다는 것이다.

특히 4장의 글쓰기를 잘하기 위한 방법론적 접근은 글쓰기 초보자뿐만 아니라, 전문 작가를 꿈꾸며 글을 쓰고 있는 사람들에게까지 많은 조언과 도움이 될 부분이다.

『위너라이팅』은 글쓰기에 관심 있는 분들이나 배우고 싶은 사람이 입문하기에 더할 나위 없이 좋은 책으로 독자들에게 글쓰기의 즐거움과 높은 가치를 일깨워 줄 책으로 평가받을 것이다.

글쓰기를 통해 자신을 메시지를 더욱 가치 있게 만나고 싶다면, 『위너라이팅』을 추천한다.

『대한민국 부동산, 성공투자 지침서!』 저자 네이마리

프롤로그

『위너라이팅』은 2024년 5월에 출간된 『위너노트』의 심화편 성격을 지니고 있다. 글쓰기에 대한 고민을 어떻게 하면 쉽게 풀 수 있을까에 대한 생각을 담아 『위너노트』를 출간했다.

매일 7편의 글을 쓰면서 글쓰기의 길을 열 수 있었다. 『위너라이팅』은 누구나 글쓰기를 할 수 있다는 용기를 주는 마음을 담은 책이다. 온라인 공간의 대중화로 각자에게 개별적인 글쓰기 능력이 필요하다. 나의 생각을 표현하는 데 글쓰기가 가장 좋은 툴이 된다.

글쓰기는 블로그, 인스타, X(트위터), 스레드 등 다양한 공간에서 나를 표현하는 수단이 되고 있다.

어니스트 헤밍웨이는 글쓰기가 어렵다고 했다. 그는 글쓰기를 피를 토하는 과정이라 했다. 한 시대를 풍미한 문인조차도 글 쓰는 어려움을 잘 알고 있었던 것이다.

어렵지만 꼭 해야 할 일을 꼽으라면 글쓰기라고 말하고 싶다. 매일 글을 쓰는 삶을 살아가다 보면 어려운 글쓰기와 가까워질 수 있다.

필자는 매일 3~4시간씩 글을 쓰는 데 시간을 사용하고 있다. 덕분에 매일 7편의 글을 작성하면서 필력을 키우는 삶을 살아가고 있다.

　누구나 글을 쓰는 삶을 살아갈 수 있다. 글을 쓰면 메타인지가 늘어난다. 글을 쓰려면 인풋이 필요하다. 덕분에 다독도 자연스럽게 연결되는 삶을 살아간다.

　책을 읽고 글을 쓰는 삶은 인생을 풍요롭게 만든다. 매일 아침 일어나서 글을 쓰는 삶을 살아가자. 아침이 힘들면 저녁 시간을 활용해 글을 써보자.

　글을 쓴다고 '뭐가 달라질까?'라는 의문이 든다면 한번 실천해 보자. 5분, 10분으로 시작해도 좋다. 글을 쓰는 삶을 지속하면 나도 모르게 성장한 나를 만날 수 있다.

　『위너라이팅』이 여러분의 글 쓰는 삶에 '할 수 있다!'는 희망의 메시지를 줄 수 있는 책이 되길 바란다. 글을 쓰는 삶을 통해 여러분의 삶이 변하고 행복이 가득한 인생이 되길 바란다.

목차

추천사

프롤로그

1장 글쓰기 실력을 키우려면 어떻게 해야 하나?

01. 우선 일기로 글쓰기를 시작하자 020
02. 매일 계속하는 글쓰기 023
03. 다작의 유익을 경험하자 026
04. 매일 아침 도전과 성취를 경험하자 029
05. 글쓰기를 루틴에 넣자 032
06. 기분 관리도 실력이다 034
07. 글쓰기에 준비 작업이 필요하다 036
08. 자기만의 글을 쓰자 038
09. 글의 주도권을 갖자 041
10. 매일 승리를 경험하자 043
11. 조급해하지 말자 045
12. '아직은 아니야.'라는 마음을 내려놓자 047
13. 나만의 글쓰기 스타일을 찾자 050

14. 에피소드를 활용해서 글을 써보자 052

15. 일관성 있는 글쓰기를 하자 055

▶ Summary 057

2장 꾸준히 글을 쓰는 방법은?

01. 글쓰기를 마라톤과 같이 생각하자 060

02. 스스로를 위로하자 063

03. 글을 통해 사랑의 감정을 만나자 066

04. 작가들은 아침에 글을 쓴다 068

05. 명상을 통해 습관을 이어가자 070

06. 기록의 힘을 경험하자 072

07. 글이 안 써질 땐 독서로 팝콘을 튀겨라 074

08. 독서로 글을 잘 쓸 수 있는 준비를 하자 076

09. 독서로 글쓰기 밑천을 만들자 079

10. 좋은 질문을 통해 좋은 글을 만들자 081

11. 글 쓰는 사람에게 동굴의 시간이 필요하다 084

12. 글 쓰는 연습이 필요하다 086

13. 좋은 글을 쓰려면 충분한 휴식이 필요하다 089

14. 개인의 경험은 보석과 같은 가치가 있다 091

▶ Summary 094

3장. 글쓰기를 업그레이드하기 위한 실전 비법

1. 집중력을 가지고 글쓰기를 하자 096

2. 글쓰기에 몰입하자 098

3. 나만의 글을 쓰자 100

4. 글을 이끄는 리더가 되자 103

5. 글에 디테일을 실어보자 105

6. 기본을 탄탄하게 다지자 108

7. 글짓기 말고 글쓰기를 하자 110

8. 구체적인 연도를 사용하자 112

9. 틈새 시간을 공략하자 115

10. 산책 시간을 가지자 118

11. 접속사를 줄이자 120

12. 대상을 특정한 글쓰기가 필요하다 123

13. 연결성 있는 글을 쓰자 126

14. 글을 자연스럽게 쓰자 129

▶ Summary 132

4장 글쓰기를 잘하기 위한 방법론적 접근

1. 단어 반복을 주의하자 134

2. 육하원칙(5W 1H)을 활용해서 글을 쓰자 137

3. 대화를 문장으로 옮겨보자 140

4. 머릿속의 글감을 활용하자 143

5. 좋은 글을 쓰기 위해 충분한 휴식을 취하자 146

6. 글을 쓰는 사람에겐 여행이 필요하다 149

7. 글을 삶 속으로 가져오자 152

8. 전날 있었던 에피소드를 기록하자 155

9. 좋아하는 작가의 책을 다독해 보자 158

10. 책을 쓴다고 생각하고 글을 쓰자 161

11. 한 문장으로 요약할 수 있는 글을 쓰자 164

12. 글쓰기와 사랑에 빠지자 167

13. 자유롭게 글을 쓰자 169

14. 친구에게 말하듯이 글을 쓰자 171

▶ Summary 173

5장 글쓰기는 꾸준함이다

1. 연습에 답이 있다 176
2. 모두가 시행착오를 겪는다 179
3. 끝까지 살아남자 182
4. 글에 자신의 삶이 담긴다 186
5. 글을 쓰면서 논리적인 사람이 된다 189
6. 여러 가지 종류의 글을 써도 된다 192
7. 글쓰기가 메타인지력을 기른다 195
8. 작은 성취를 쌓아가자 198
9. 때론 압력이 필요하다 200
10. 끊임없이 두드려 보자 202
11. 글쓰기에 배움의 시간이 필요하다 206
12. 텔레비전의 전원 플러그를 뽑자 209
13. 글 쓰는 에너지를 유지하자 212
14. 시도의 빈도를 늘리자 215

▶ Summary 217

글쓰기를 계속해서 작가가 되어보자

1. 글 쓰는 사람에게 필요한 생각이 있다 220

2. 책을 쓰고 싶다면 마감기한을 정하자 223

3. 전자책을 써보자 225

4. 전자책 작성 방법을 알아보자 230

5. 종이책을 써보자 233

6. 종이책 작성 방법을 알아보자 237

7. 초고부터 완성해 보자 239

8. 초고는 작가의 시선으로
   퇴고는 독자의 시각으로 하자 242

9. 퇴고할 때 신경 써야 하는 버리기 245

10. 내가 작가가 되어도 괜찮을까? 247

11. 쉽게 이루어지는 것은 없다 249

12. 글쓰기에 마음을 담자 252

13. 당신의 글이 세상을 아름답게 한다 255

14. 어니스트 헤밍웨이도 글쓰기가 어렵다고 한다 258

15. 작가의 마음이 전달되면 따뜻한 글이 된다 261

16. 글 쓰는 여정은 외로움과 동고동락하는 것이다 264

▶ Summary 267

에필로그

1장

글쓰기 실력을 키우려면 어떻게 해야 하나?

WINNER
WRITING

1. 우선 일기로 글쓰기를 시작하자

 글쓰기를 하려면 먼저 두려움부터 생긴다. 어떤 글을 쓸지, 무엇을 써야 할지에 대한 어려움을 만난다. 두려움을 극복하는 방법은 글쓰기를 시작하는 것이다. 어떤 글을 써야 할지에 대한 두려움을 떨쳐내는 시작이 글을 쓰는 것이다. '어떤 글을 써야 할까?'라는 질문을 던지면 쉽게 생각할 수 있는 것이 일상을 기록하는 것이다.

 글쓰기에 있어 가장 쉬운 시작점은 일기를 쓰는 것이다. 어디부터 시작해야 할지 모르는 글쓰기의 시작점은 일기가 되면 제일 좋다. 나에게 주어지는 24시간 중 가장 기억에 남는 에피소드를 글로 남기는 것으로 시작하면 된다. 일상에 어떤 특징이 있겠냐고 반문하는 사람들이 있다. 그 사람들에게 "당신의 일상에 보물이 숨겨져 있어요."라고 말해주고 싶다.

평범해 보이는 일상이지만 개인의 삶은 무미건조하지 않다. 누구에게나 특별한 모멘트가 있다. 24시간을 보내는 일상 속에 분명하게 존재하는 지점이 있다. 일기를 쓰는 이유는 이런 순간을 캐치하기 위함이다. 나의 일상에 매일 찾아오는 소중한 모멘트를 붙드는 습관을 들여야 한다. 습관이 그 사람의 성격과 삶을 만든다.

중요한 순간을 기억하려면 어떻게 해야 할까? 삶 속에 관찰력을 키우는 자세가 필요하다. 에피소드로 삼을 만한 경험이 있으면 키워드로 2, 3개 정도의 단어를 메모하면 좋다. 스마트폰에 빠르게 해당 키워드를 저장하면 일기에 사용될 좋은 글감이 된다. 이 모멘트를 디테일하게 서술식으로 적으면 한 편의 글을 완성할 수 있다.

글에 디테일을 가미하면 독자로 하여금 글을 상상하며 읽게 하는 유익함의 순간을 선물할 수 있다. 글을 써보라고 하면 "제가 글을 쓸 수 있을까요?"라고 반문하는 경우가 많다. 스스로에 대한 믿음을 가지자. "글을 쓸 수 있다.", "글을 쓰면 된다." 가장 쉬운 글이 매일 글감이 나오는 일기다. 제일 먼저 일기부터 쓰기를 권하는 이유다.

매일 일기를 쓰다 보면 일상을 관찰하는 눈이 생긴다. 내가 경험한 에피소드를 시간, 상황 등을 감안해서 적는 연습을 할 수 있다. 글쓰기에 있어서 가장 중요한 것이 연습이다. 무엇이든지 시작이 어렵다. 일기를 쓰는 습관을 당연한 것으로 받아들이고 나면 글쓰기를 삶으로 가져올 수 있다. 일상을 글로 채워나가기 시작하면 글쓰기의 재미를 느낄 수 있다.

생활 속에 글로 남기고 싶은 순간들을 주의 깊게 살펴보게 된다. 관찰력이 늘어난다. 글로 옮기는 과정을 통해 필력을 키워나갈 수 있다. 제일 중요한 건 글을 계속해서 쓰는 시간을 가지는 것이다. 매일 쓰는 시간을 통해 내면의 성장을 경험할 수 있다.

2. 매일 계속하는 글쓰기

일기로 글쓰기를 시작하고 매일 글을 쓰는 삶을 살면서 글쓰기의 필요성을 깊이 느꼈다. 매일 글을 쓰는 삶을 3년간 이어오고 있다. 최근 1년간은 강도를 높이는 연습의 시간을 보냈다. 특히 2024년에는 블로그에 5포, 6포, 7포 챌린지를 진행하면서 글쓰기의 내공을 쌓는 시간을 가졌다.

양에 집중하는 이유는 하나다. 양이 실력을 만들어 준다는 양질전환의 법칙을 경험해서다. 좋은 글은 하루아침에 만들어지지 않는다. 애초에 그런 길은 없었다. 그걸 온몸으로 느꼈기에 더욱더 글을 자주, 더 많이 쓰려고 노력하고 있다. 필자가 꾸는 꿈은 없는 길을 뚫어서 새로운 길을 여는 것이다.

쉽지 않겠지만 계속해 나가면 새길을 열 수 있다. 그 길로 많은 분이 조금 더 편하게 오셨으면 하는 바람이 있다. 좋은 글을 쓰고자 하는 열망을 품은 분들이 많다. 과연 어떻게 그 길로 갈지에 대해 고민하는 분들께 작은 힌트를 드리고 싶은 마음으로 글을 쓰고 있다. 내가 먼저 걸어가 본 길을 설명하고 나눌 때 더 깊이 와닿을 것이라 믿는다.

경험해 본 사람의 말이 더 신뢰가 갈 수밖에 없다. 그래서 열심히 걸어가고 있다. 요즘은 조금은 달린다는 느낌으로 파이팅을 외치며 글을 쓰고 있다. 매일 7편의 글을 쓰는 게 쉽지만은 않다. 매일 실행하면서 하면 된다는 걸 느낀다. 아침에 쓰고 다 마무리하지 못했을 때는 틈이 날 때 쓰거나 저녁 퇴근 후에 쓴다.

이렇게 하면 결국 해낼 수 있다. 하고 못 하고는 마음가짐에 달려 있다. 다만 상황과 환경 때문에 못 하게 되는 날을 만날 수도 있다. 그런 날은 다음 날 하면 된다. 그래서 조금의 여유분을 더 써놓아야 한다. 챌린지는 스스로와의 약속이기도 하지만 불특정 다수와의 약속이기도 하다.

매일 성실하게 좋은 글을 쓰는 과정을 지켜나가고 있다. 공언의 힘이 크다. 성장하고 싶다면 하려고 열망하는 것을 적고 공언해 보라.

생각하지 못한 응원을 받는다. 그 에너지로 또 힘차게 나아갈 동력을 얻는다. 열심이 있는 행동에는 결과가 따른다. 그러니 묵묵히 행동해 나가자. 매일 계속해서 글을 쓰는 삶이 글쓰기의 새길을 열어준다.

다만, 한 가지는 꼭 당부하고 싶다. 타인과 나의 글 쓰는 속도를 비교하지 말아야 한다는 점이다. 가끔 '저 사람은 글을 너무 잘 쓰는데 나는 왜 이럴까?'라고 스스로를 자책하는 분을 만날 때가 있다.

대단해 보이는 사람도 시작의 시점이 있었다. 초보의 시절을 지나온 것뿐이다. 여러분도 시작의 시점이 있고, 조금더 걸어가야 하는 순간들이 있을 뿐이다.

어니스트 헤밍웨이나, 톨스토이 같은 대문호의 수준이 되고자 하는 것이 아니라면 누구나 글쓰기 연습을 통해 성장을 경험할 수 있다.

중요한 것은 나만의 속도다. 내가 쓸 수 있는 글을 작성하는 삶을 살아가는 것이 중요하다.

3. 다작의 유익을 경험하자

 다작을 이어가면서 글쓰기의 습관화를 경험하고 있다. 글을 쓰는 시간 동안 내 마음에 행복이 스며든다. 글을 쓰는 사람은 행복해야 한다. 글 쓰는 사람이 행복하면 글에 따뜻함을 담아낼 수 있다. 매일 다작을 이어가면서 글쓰기를 생활에 스며들게 해보자. 나만의 기준을 정해서 매일 아침 글을 쓰고 부족한 부분은 오후 시간과 저녁에 채워 보자.

 글을 쓰면서 시간을 더 가치 있게 사용하는 데 집중하고 있다. 효과적인 시간을 어떻게 만들어 가야 하는지에 대한 고민이 늘 필요하다. 시간을 밀도 있게 사용하려 노력하지 않으면 시간은 순식간에 의미

없이 지나가 버린다. 최선을 다하고 있다고 생각했던 삶에 빈틈이 있을 수 있다. 삶의 큰 변화가 없었음에도 할 수 있는 일의 양이 달라지는 것을 경험했다.

우선 최적화를 위해 도전을 해야 한다. '하겠다!' 마음을 먹으면 불필요한 것들에 소비되는 시간을 줄일 수 있다. 매일 7편의 장문 글쓰기를 이어가게 되면서 글쓰기를 할 수 있는 주제와 내용을 찾는 것에 신경을 쓰게 된다. 덕분에 하루의 삶을 더 밀도 있게 살 수 있게 되었다.

글을 써야 하는 분량이 있어서 글을 쓰다 보니 관찰력이 늘어났다. 어떤 사건이나 상황을 그냥 넘기지 않게 된 것이다. 일상의 사연스러운 대화에서도 글감을 찾는다. 가능하면 쓰는 양을 늘리면 좋다는 말을 자주 한다. 글을 많이 쓰면 우선 필력이 늘어난다. 그다음은 삶의 통찰이 좋아진다.

좋은 글을 쓰기 위해 많이 읽게 된다. 나아가 글과 연결된 삶을 만들 수 있다. 덕분에 꼼꼼함을 가질 수 있다. 기억력도 좋아진다. 순간의 찰나에 지나가는 기억을 잘 끌고 가야 하기 때문이다. 다작을 이어가면 성취감도 함께 얻을 수 있다. 계속해서 글을 쓰면 출간°으로 결실을 이룰 수 있다.

2024년에만 3권의 책을 마무리하게 되었다. 5월에 출간한 『위너노트』, 8월에 출간한 『위너러브』, 9월에 출간한 『위너모닝』까지 3편의 책을 집필했다. 챌린지를 한 덕분에 출간의 양도 늘릴 수 있었다. 다작은 우리 삶에 많은 유익을 준다. 그러니 도전하자. 계속하자. 끝까지 하자. 끝까지 하는 사람에게 결실이 남는다. '지금 하고 있는 행동이 무슨 의미가 있나?'란 생각이 든다면 아주 잘하고 있는 것이다.

4

매일 아침
도전과 성취를 경험하자

매일 아침 차를 한 잔 마시면서 도전을 시작한다. 계속 이어가는 글쓰기 챌린지를 시작한다. 매일 7편씩 한 편당 800~1,000자의 글을 쓰는 작업이다. 모두 마무리하면 매일 5,000~7,000자의 글을 쓰게 된다. 글쓰기를 계속하는 덕분에 좋은 습관들이 쌓이고 체화되고 있다. 매일 아침 7편을 시작하면 새로운 도전이 시작된다.

도전 덕분에 설렘의 감정이 찾아온다. 새로운 하루에 대한 기대 그리고 좋은 글을 만날 설렘이 마음에 자리 잡는다. 무엇이든지 계속해 나가면 실력을 쌓을 수 있다. 지속성이 주는 힘은 크다. 아침에 써야 할 글을 해내겠다고 스스로에게 선언해야 한다. 스스로에게 말한 후

타인에게 공언으로 약속을 하면 지킬 수 있는 힘이 더 커진다.

나의 공언을 응원해 주는 주변 사람들을 가까이 두자. 그들의 응원이 큰 힘이 된다. 그리고 말한 것을 지키며 살아가자. 약속을 지키려는 마음이 실행력을 높여준다. 챌린지를 계속 이어가는 이유 중 하나가 작은 성공을 계속해서 경험하기 위해서다. 매일 7편의 마지막 게시물이 게시되는 21시가 되면 뿌듯한 성취감을 얻는다.

"오늘도 잘 해내었다. 알파야. 수고했어."라고 말해준다. 가장 따뜻한 위로의 말로 스스로를 응원하고 존중한다. 그렇게 아침에는 도전을 만나고 저녁에는 성취감을 느끼며 삶의 패턴을 올바른 방향으로 잡아가고 있다. 처음에 시도한 몇 건은 불씨 역할을 한다. 지속적으로 인풋을 주면 불씨를 넘어 활활 타오르는 불길이 된다. 계속해서 잘 타오르게 하려면 지속적인 행동이 따라가면 된다.

그래서 챌린지에 더 힘을 쏟는 것이다. 집중하고 몰입한다. 글쓰기에 진심을 담는다. 매일 아침과 저녁에 글쓰기에 대한 생각을 할 수 있음에 감사하다. 글은 글쓴이의 마음이 담긴다. 그래서 도전하는 마음과 성취감을 함께 담으려 노력하고 있다. 누구든지 도전할 수 있다. 두드리고 또 두드리자. 그렇게 두드리는 시간을 쌓으면 결국 열리게 된다.

*구하라 그러면 너희에게 주실 것이요 찾으라 그러면 찾을 것이요
문을 두드리라 그러면 너희에게 열릴 것이니.*

– 마 7:7 –

성경에 보면 두드리는 것의 중요성을 강조하고 있다. 매일 두드리는 사람이 되자. 두드려서 결국 열리는 경험을 할 수 있다.

5 글쓰기를 루틴에 넣자

 베스트셀러 작가들의 공통점을 보면 다독, 다작, 다상량을 실천한다. 많이 읽고, 많이 쓰고, 많이 생각하는 것이 생활화되어야 한다. 가장 좋은 방법이 나의 라이프스타일에 맞는 루틴을 세팅하는 것이다. 필자의 루틴에는 읽고 쓰고 생각하는 시간을 넣어서 매일 실행하고 있다.

 덕분에 매년 출간 권수를 늘려가며 실행력을 쌓아갈 수 있었다. 매일 아침 일어나면 글쓰기 시간을 가진다. 시간이 쌓이는 만큼 글의 양도 늘어난다. 글쓰기의 정직한 성장은 열심을 내는 데 큰 도움을 준다. 쓰면서 나아지는 표현력을 경험할 수 있다. 동시에 집필에 도전할 수 있다.

 루틴으로 글쓰기를 하는 시간을 가지면 어렵고 멀게만 느껴지던 출간도 가까운 영역으로 가져올 수 있다. 매일 쌓은 글들이 책의 좋은 재료가 되어준다. 바야흐로 가장 글쓰기가 필요한 시대다. SNS에서부터 입사 지원, 편지 등 다양한 분야에서 글쓰기 실력이 필요하다.

 가장 좋은 점은 연습으로 실력을 키울 수 있다는 점이다. 가장 슬픈 것은 연습하지 않으면 실력을 키울 수 없는 분야가 글쓰기라는 사실이다. 매일 글쓰기를 연습하는 시간을 가져야 한다. 반복하는 삶을 살아가기 위해 가장 좋은 방법은 루틴화시키는 것이다.

 매일 나만의 글쓰기 시간을 확보하자. 그리고 그 시간만큼은 꼭 글을 쓰자. 그 실행의 시간들이 쌓이고 쌓여서 놀라운 결실을 만든다. 눈이 내릴 때 잠시 내렸다 멈추면 눈은 금방 사라진다. 눈이 오랜 시간 내리면 눈이 쌓여서 눈사람을 만들 수 있는 양이 된다. 충분한 양을 쌓는 시간이 중요하다. 매일 글을 쓰는 시간을 통해 다작을 이어갈 수 있었다. 여러분도 다작으로 나아가는 삶을 살아가시길 권해드린다.

6

기분 관리도 실력이다

생각하는 대로 살지 않으면 사는 대로 생각하게 된다.

– 폴 발레리 –

기분이란 녀석이 참 요상하다. 어떤 날은 심히 기분이 좋다가 어떤 날은 기분이 좋지 않다. 어떤 날은 불쾌하다가 어떤 날은 세상 행복하다. 이처럼 기분은 감정 상태에 따라 널뛰기를 한다. 그래서 기분 탓을 하며 글을 쓰지 않으면 멈춰야 할 이유가 너무 많아진다. 멈추지만 않으면 글쓰기를 해온 탄력성을 그대로 이어갈 수 있다.

매일 글을 쓰는 것이 중요하다. 어떤 내용이든 쓰려는 마음을 가지면 제일 좋다. 이런저런 핑계를 대기 시작하면 못 할 이유가 너무 많아진다. 좋은 생각을 하기 위한 노력을 계속해야 한다. 기분 관리도 실력이다. 기분이 너무 좋지 않을 때는 글을 쓰지 않는 것도 한 가지 방법이다.

기분을 전환시키고 글쓰기 자리에 앉는 것이다. 필자 같은 경우는 가까운 바다로 드라이브를 가거나 차를 한잔 마시면서 기분을 풀어본다. 혹은 독서를 하면서 기분이 자연스럽게 좋아지도록 환경을 설정한다. 폴 발레리의 조언을 주목해야 한다.

생각이 삶을 주체적으로 끌고 나가도록 해야 한다. 그래야 바쁜 상황 속에 매몰되지 않을 수 있다. 매일 최상의 기분을 관리하는 게 쉽지 않을 수 있다. 주도적인 생각을 잘 끌고 나간다면 삶에 속도와 방향성을 올바로 잡아나갈 수 있다.

사는 대로 생각하는 것만큼 아쉬운 것도 없다. 수동적인 삶이 되지 않도록 주의를 기울여야 한다. 능동성에 추진력이 붙는다. 매일 능동적인 활동으로 이어지는 글쓰기를 계속해야 하는 이유다. 기분 관리를 잘해서 생각을 잘 풀어내는 사람이 되어보자.

7

글쓰기에 준비 작업이 필요하다

 글쓰기에 준비 작업이 필요하다. 하루에 7개의 포스팅을 하려면 미리 적을 글에 대한 준비가 필요하다. 주제문과 핵심 키워드를 메모해 둔다. 그럼 7편의 글을 한 시간 반 정도면 마무리할 수 있다. 오랜 연습의 시간이 있었다. 매일 글을 쓰면서 계속해서 반복해 온 패턴이다.

 글쓰기도 필력이 늘어나려면 다작을 해야 한다. 글을 쓰면서 성장하는 스스로를 경험하게 된다. 한 독자분이 질문을 했다.

 "알파 작가님은 어떻게 하루에 7편의 글을 쓰시나요?"라는 질문이었다.

그 질문에 대한 답이 이 글에 담긴 내용이다. 글쓰기를 준비해야 한다. 매일 7편의 글의 주제와 내용에 대한 생각의 시간을 가진다. 일을 하면서 스쳐 지나가는 문장을 메모한다. 그 기록을 꺼내어 글을 쓰면 포스팅당 10~15분 만에 글을 쓸 수 있다. 미리 쓸 글감에 대한 생각을 전날에 해놓는 것이 포인트다. 결국 전날 10~15분의 글쓰기를 위해서 오랜 시간 준비하는 시간을 가진다.

생각을 통해 글을 쓸 수 있도록 소재를 준비하는 시간을 가져야 한다. 그래야 나의 결에 맞는 글을 계속해서 써나갈 수 있고, 글쓰기에 들어가는 시간도 단축시킬 수 있다. 한 번에 좋은 글이 탄생하지 않는다. 여러 번에 걸쳐서 연습하고 또 연습하면서 좋은 글이 나오게 된다.

매일 글을 쓸 소재를 생각하면서 살아가면 관찰력을 높일 수 있다. 일상에서 글감을 찾아오는 것이 가장 좋은 방법이다. 그래서 삶에서 소재를 찾는 경우가 많다. 다른 하나는 독서다. 좋은 글을 쓰는 저자들의 생각이 담긴 글을 읽으면서 배움의 시간을 가진다. 그 배운 것들에 내 생각을 덧붙여 글을 쓰면 좋은 생각이 담긴 글을 쓸 수 있다.

8

자기만의
글을 쓰자

글을 잘 쓰려고 하기보다는 자기만의 글을 쓰는 것이 중요하다.

– 『대통령의 글쓰기』, 강원국 –

 사람의 생각이 비슷할 것 같지만 같은 경우는 거의 없다. 모두의 생각이 다양하고 세계관도 제각각이다. 그래서 타인의 것을 따라가는 것보다 자신의 것을 알아가고 표현하는 것이 중요하다. 글을 잘 쓰려 하기보다 나의 아이덴티티를 잘 표현할 수 있는 글을 써나가는 것이 글쓰기 라이프에 도움이 된다. 나의 이야기, 나의 스타일에 집중하는 사람의 글이 갈수록 매력적이다.

세상에 하나뿐이기 때문에 희소성이 있다. 더불어 본 적이 없는 문체라서 더 끌린다. 사람은 유한한 재화를 좋아한다. 금, 다이아몬드가 대표적이다. 나의 글이 다이아몬드 같다는 표현을 들으면 얼마나 좋을까? 그런 말을 들으려면 나의 글을 쓰는 연습을 해야 한다. 필자는 매일 적정량 이상의 글을 쓰면서 하루하루를 보내고 있다. 덕분에 글에 나만의 문체가 조금씩 묻어나기 시작했다.

글을 읽어보면 작가만의 개성이 뚜렷하게 드러난다. 그런 사람이 되기 위한 노력이 필요하다. 종종 안타까운 분들을 본다. 그들은 잘한다 싶은 사람의 것을 그대로 베껴서 쓰기도 한다. 처음엔 인플루언서의 문체가 탐나서 그대로 베끼다가 다음엔 골드버튼 유튜버의 말투를 베낀다. 질리면 또 다른 사람의 것을 카피한다.

철수와 영희가 똑같이 1년을 글쓰기를 했다고 가정해 보자. 철수는 베끼고, 카피하는 방식을 사용하고 영희는 스스로 쓰는 방법을 선택했다고 가정해 보자. 1년이 지난 시점에 누구의 글이 더 매력적일까? 정답은 생각해 볼 것도 없이 영희일 것이다. 스스로의 것을 발전시키고 업그레이드시켜 나가면 결국 성장하게 된다.

남의 것을 카피하는 것으로는 계속 낮은 수준에 머무를 수밖에 없게 된다. 타인의 것을 참고해 내 것을 덧붙여서 업그레이드하는 방식은 괜찮다. 무엇이든지 흑백논리에 빠져서는 안 된다. 좋은 글은 결국 글쓴이의 컬러와 생각이 들어간 글이다.

9 글의 주도권을 갖자

글을 쥐고 흔드는 주도권을 갖자.

- 『회장님의 글쓰기』 강원국 -

글을 쓸 때 작가가 주도권을 가지고 쓰는 것이 중요하다. 글을 쓰는 사람이 본인인데 주도권을 가지라는 말이 무슨 말일까? 의아함을 가지는 분들도 있을 것이다. 토론을 떠올려 보면 이해가 된다. 한 가지 주제에 대해 똑같이 의견을 나누지만 누군가는 주도적으로 이야기를 끌고 가고 어떤 사람은 수동적으로 토론에 참여하게 되는 길 볼 수 있다.

글도 비슷한 맥락이 존재한다. 쓰는 사람이 주제에 대한 주도권을 갖고 글을 쓰는 것과 아닌 것은 큰 차이를 가진다. 예를 들어 미라클 모닝에 대해 이야기를 한다고 가정해 보자. 자신의 경험을 바탕으로 해서 생각을 입혀 글을 쓰게 되면 주도권을 가진 글쓰기가 된다.

반면 타인의 경험을 가지고 이야기를 하면 다소 수동적인 자세가 나오면서 글의 주도권을 갖고 가기 어렵다. 글을 쓸 때 개인의 경험을 바탕으로 스토리를 풀어나가면 주도권 있는 글을 쓸 수 있다. 강원국 작가도 글을 쓸 때 주도권을 갖고 써야 한다고 말하고 있다.

공감이 된다. 타인의 이야기를 가져와 글쓰기를 할 때는 작가의 의도를 정확하게 반영해서 글을 써야 한다. 그렇게 글을 쓰면 타인의 스토리이지만 내 생각이 들어가기에 주도권이 들어간 글쓰기를 할 수 있다. 글쓰기에 대한 각론과 생각은 다양하다.

그 방법론적 측면보다 중요한 것은 나의 글쓰기를 계속하는 것이다. 그 시간과 과정을 통해 글쓰기의 새로운 지평을 열 수 있다. 다만 연습을 하면서 주도적인 글쓰기를 하려고 신경을 쓰다 보면 조금 더 필력이 늘어나는 속도를 당길 수 있다.

10 매일 승리를 경험하자

새벽 씨름판에서 땀을 뻘뻘 흘리면서 열심히 씨름을 했는데 5편의 결과물만 낼 수 있었다. 7번의 경기를 해야 하는데 아침에 모든 에너지를 다 쏟을 수가 없는 날이 있다. 이런 날에는 겸허히 씨름판을 일어선다. 저녁으로 2게임을 보낸다. 주말이라는 핑계로 약간의 여유를 부렸다. 5편까지 열심히 씨름을 했는데 이상하게 2번의 경기는 밤에 하고 싶었다.

이럴 땐 한발 물러서서 스스로의 쉬고 싶은 마음도 존중한다. 그렇게 아침에 저녁으로 보낸 2편의 경기를 소화한다. 저녁에 운동화를 신고 신발 끈을 조이고 걸으러 나간다. 어떤 글을 쓸지 2편의 글에 대해 생각하는 시간을 가진다. 그리고 첫 번째 트랙을 돌면서 7번의 승리에 대한 글을 써야겠다고 마음먹는다.

첫 번째 트랙을 돌면서 작은 승리에 대한 글을 쓰고 보니 신발 끈이 풀려 있다. 다시 신발 끈을 조이고 다음 글을 적고 마무리했다. 변함없이 매일 7번의 경기를 치른다. 오늘은 씨름으로 5번 걷기 트랙으로 2번 나의 쉬고 싶은 마음과 만나 경기를 승리로 마무리 지었다.

매일 7번을 외치며 글을 쓰다 보니 조금씩 글을 쓰는 시간을 즐기고 있다. 그래도 주말에는 쉬고 싶은 마음도 함께 찾아오기에 이렇게 저녁에 글쓰기를 마무리한다. 결국 승리했다. 매일 7편의 글을 쓰면서 작은 성공을 경험하고 있다. 글을 쓰는 시간은 늘 내게 즐거움을 준다. 즐거운 일이지만 때론 쉬고 싶은 마음도 동시에 찾아온다.

그럴 수도 있다. 괜찮다. 매일 7편을 쓰기로 한 스스로와의 약속만 지키면 된다. 방법은 다양해도 괜찮다. 이렇게 7편을 마무리하고 나니 속이 후련하다. 매일 나의 마음과 씨름하고 때론 걷기도 하면서 나에게 주어진 숙제를 매일 성실하게 해나갈 것이다. 이런 시간을 통해 글쓰기에 빠져들 수 있어서 참 좋다.

11 조급해하지 말자

종종 3~6개월 차에 접어든 블로거분들과 전자책, 종이책을 처음 시작하시는 분들께 질문을 받는다. "내 글쓰기 실력은 왜 늘지 않는 걸까요?"라는 질문이다. 팩트만 보면 필력이 늘어날 만큼 글을 쓰지 않았기 때문이다. 글쓰기는 정직하게 늘어난다. 많이 써본 사람이 좋은 글을 쓸 수 있다.

1,000편을 먼저 써보자. 3개월 정도 된 분들이라면 하루에 1개씩 작성했다고 가정할 때 100편 정도의 글을 쓴 상태이다. 원하는 결과물을 얻기엔 인풋이 상당히 부족하다. 필력을 키우고 싶다면 빠른 속도를 지양하자. 천천히 조금씩 늘어나는 필력을 느끼는 과정이 필요

하다. 좋은 글은 하루아침에 나오지 않는다.

　좋은 책도 마찬가지다. 초고를 쓰고 수십 번을 고치는 과정을 통해 좋은 문장을 만들 수 있다. 최소한 3년 정도는 꾸준하게 글을 써보자. 그 꾸준함을 유지했는데도 3년 전과 변화가 없고 원하는 만큼의 결과가 없는지 살펴보자. 대부분 생각한 것 이상의 결과를 이룰 수 있을 것이다.

　다만, 목표나 목적 없이 글을 쓴 경우는 조금 달라진다. 글을 쓰면서 자신만의 목적성을 분명하게 가져야 한다. 그 방향성이 있어야 길을 잃지 않을 수 있다. 혼자 글을 쓰는 시간을 계속해 나가면서 완성형으로 가는 것도 좋은 방법이지만 배움의 시간을 갖는 것도 필요하다. 혼자 글을 쓰는 시간을 길게 끌고 가는 것이 어려운 일이다.

　먼저 그 길을 걸어가 본 사람에게 배우면 훨씬 쉽게 나의 길을 만들 수 있다. 배우는 것보다 혼자 성장하는 걸 원하는 분이라면 독서를 꾸준하게 하자. 꾸준한 독서를 통해 인풋을 얻을 수 있다. 글쓰기는 아웃풋의 과정이다. 좋은 글을 쓰려면 인풋을 나만의 것으로 소화해 글로 생산해 내는 과정이 필요하다. 마음속을 요동치게 하는 조급증을 잘 컨트롤해야 한다.

12 '아직은 아니야.'라는 마음을 내려놓자

사람들은 자기 삶을 변화시킬 어떤 큰일을 앞두고
'아직은 아니야.'라고 부정하면서 지연시키려고 한다.

— 『나를 위로하는 글쓰기』, 셰퍼드 코미나스 —

주변에 글을 쓰는 분들이 많다. "책을 한번 출간해 보시는 게 어떠세요?"라고 물어보면 생각보다 많은 분들이 "아직은 아닌 것 같아요."라고 말씀하신다. 대부분의 문제는 '아직은'에서 출발한다. 책을 출간해도 되는 사람이 정해져 있는 것이 아니다. 시도하면서 경험을 쌓아가고 그 과정을 통해 성장하게 된다.

처음부터 10만 부 이상 팔리는 대작이 나오면 좋겠지만 그럴 가능성은 거의 제로에 가깝다. 그저 성실하게 내가 할 일을 묵묵히 하는 과정이 필요하다. 매일 열심을 쌓아가다 보면 초고가 완성되고 퇴고에 들어갈 수 있게 된다. 퇴고의 과정을 충실하게 하면 한 권의 책을 출간할 수 있게 된다.

책이 완성되면 출판사의 문을 두드려 출간으로 나아가야 한다. 어느 것 하나 쉬운 여정이 없다. 여기서 '아직은'이 끼어들면 할 수 있는 건 아무것도 없다. '하지 않아야 할 이유'가 자리 잡는다. 반면 '아직은' 자리에 '하면 된다'를 넣으면 모두 할 수 있는 것이 된다. 출간이 완벽하게 준비된 순간은 오지 않는다.

첫 번째 책은 처음이라 다소 부족하고 아쉬운 부분이 있을 수밖에 없다. 퀄리티가 낮은 책을 출간하자는 말이 아니다. 내가 할 수 있는 최선을 다하되 출간을 머뭇거리지 말고 도전하자는 것이다. 전자책을 출간해 보고, 종이책에 도전해야 한다. 도전하는 사람에게 새로운 기회들이 주어진다. 누군가의 삶을 변화시키는 글을 쓰는 것은 삶 그 자체의 의미를 증폭시킨다.

당신의 글이 다른 사람의 마음을 변화시킬 수 있다면 그 사실로만 큰 설렘을 경험할 수 있다. 글은 매력이 있다. 글쓴이가 전하고자 하는 메시지가 글을 읽는 사람에게 고스란히 전달된다. 어떤가? 당신은 어느 쪽에 서 있는가? 혹시 여전히 '아직도'라는 편에 서 있다면 이제는 '하면 된다'의 편에 서는 사람이 되어보자.

13 나만의 글쓰기 스타일을 찾자

글쓰기는 나만의 스타일로 해야 한다.

-『블로그 글쓰기는 어떻게 삶의 무기가 되는가』, 로미, 신은영 외 2인 -

글을 쓰다 보면 내 글이 부족하게 느껴지는 순간을 만난다. 그런 순간에는 타인의 글품을 가져와서 사용해 보기도 한다. 그렇게 해보면 느낀다. '아! 이건 나하고 안 맞구나!'라고 생각하게 된다. 타인의 옷은 내 것이 아니다. 안 맞을 수밖에 없다. 이런 행동은 한 번만 해보면 된다.

어차피 남의 것을 내 것으로 만들 수 없기 때문이다. 필자는 나의 문체를 찾고 싶어서 나만의 글쓰기를 계속했다. 나의 글폼을 찾기에 가장 좋은 방법은 다작을 하는 것이다. 글을 쓰면서 나에게 맞는 글폼을 만날 수 있다. 그게 언제일지는 개인차가 있기에 아무도 알 수 없다.

분명한 사실은 일정 시간이 지나면 나의 글폼을 만날 수 있다는 것이다. 지난 3년간 알파 블로그를 열심히 운영하면서 만난 이웃들을 보면서 확신할 수 있었다. 물론 나 또한 동일한 경험을 했다. 이웃들의 글도 서서히 자신만의 스타일을 찾아가기 시작했다. 당신만의 글쓰기 스타일이 없다고 해도 고민할 필요 없다.

곧 만나게 될 것이다. 우리가 해야 할 일은 나만의 스타일을 찾을 때까지 묵묵히 글을 쓰는 삶을 이어나가는 것이다. 글폼을 찾은 후에는 어떻게 해야 하나? 그 글폼에 맞게 글을 쓰는 삶을 계속하면 된다. 중요한 것은 글을 매일 쓰고, 계속 쓰는 것이다.

지속성이 주는 힘이 있다. 매일 글을 쓰는 삶을 이어가면서 계속해서 출간할 수 있었다. 앞으로도 그럴 것이다. 글 쓰는 삶을 이어가면서 책을 쓰는 삶을 이어나갈 것이다. 꼭 책이 아니어도 괜찮다. 글을 쓰는 삶 자체가 주는 유익이 크다. 글쓰기로 다양한 능력을 배울 수 있다. 통찰력, 관찰력, 사고력, 인지력 등 다양하다. 나만의 글쓰기 스타일을 찾는 데 너무 많은 에너지를 소모하지 말자. 매일 쓰는 것으로 충분히 발전할 수 있다.

14 에피소드를 활용해서 글을 써보자

설득력 있는 글을 쓰고 싶다면 에피소드가 필요하다.
-『결국은 문장력이다』, 후지요키 유타카, 오가와 마리코 -

설득력 있는 글을 쓸 때 에피소드를 활용하면 도움이 된다. 글쓰기, 여행, 독서 등 자신의 경험 중 기억에 남는 에피소드(경험한 기억 중 재미있는 이야기)를 글로 쓰면 읽는 사람에게 전달력을 높일 수 있다. 필자도 글쓰기에 에피소드를 자주 활용하고 있다. 기억에 남는 사건들을 글로 풀어내면 읽는 사람의 공감을 불러올 수 있다.

자신의 성장기의 에피소드를 글로 풀어쓰는 것도 좋은 방법이다.

글을 쓰는 과정, 블로그에 글을 쌓아가는 여정을 글로 풀어내면 풍성한 에피소드가 된다. 종이책을 쓴다고 가정하면 종이책을 쓰면서 드는 생각을 꾸준히 연재하는 것도 좋은 방법이다. 책의 주제를 선정하는 것, 책의 목차를 선정하는 과정을 함께 공유한다.

지나가는 과정에 들어온 생각들을 함께 글로 풀어내면 읽는 사람도 더 깊이 글에 빠져들 수 있다. 목차를 선정한 후 초고를 작성할 때 겪은 어려움과 노하우를 연결해서 써보자. 그 과정 중에 들어왔던 생각이 있을 것이다. 높임말로 쓰는 게 좋은지, 평어체로 쓰는 게 좋은지에 대한 고민도 한다. 나의 감성이 섬세하게 잘 표현되었는지도 보면서 다양한 생각을 글로 공유해 보자.

삶의 각 지점들이 에피소드가 된다. 생생한 기억으로 들어온다. 내가 경험한 것을 글로 표현하는 것으로 독창성은 확보된다. 똑같이 종이책 집필 과정을 기록해도 사람마다 느끼는 포인트가 다르다. '타인의 글과 비슷한 것 아닌가?'란 고민을 내려놓아야 한다. 그 생각을 하면 오히려 글이 더 어려워진다. 나의 길을 걸어가야 한다. 내가 경험한 것을 글로 표현하고 생각을 풀어내는 연습의 시간을 쌓아가면 된다.

잘하려고 하면 잘하기가 더 쉽지 않다. 최선을 다하면 되는 영역이 글쓰기가 아닐까? 현재의 수준에서 최선을 다해서 기록을 쌓아가다 보면 성장한 나와 만날 수 있다. 묵묵히 글을 쓰는 삶을 이어가자. 그 속에 기분 좋은 에피소드를 조금씩 함께 기재해 가면서 삶을 아름답게 글로 그려나가자.

　에피소드 글을 쓸 때 중요한 것은 나의 경험을 최대한 디테일하게 표현하고 생동감 있게 전달하는 것이다.

15 일관성 있는 글쓰기를 하자

> 독자는 유기적인 관계를 경험하는 느낌,
> 말하자면 어렴풋하게나마 일체성과 통일성을 느끼는 것을
> 무엇보다 중요하게 여긴다.
>
> -『마음을 흔드는 글쓰기』, 프리츠 게징 -

 책을 읽으면 저자와 대화를 하고 있는 것 같은 착각을 하게 될 때가 있다. 밀도 있게 누군가와 대화를 나눌 때 주제와 벗어난 이야기를 하면 대화가 지루해진다. 글도 마찬가지다. 책의 주제와 무관한 글을 읽을 때는 "의도가 뭐지?"라는 의문을 갖게 된다. 우리는 글을 쓰는 사람이기에 의문부호가 떠오르는 지점을 잘 기억해 두어야 한다.

혹시 내가 독자에게 물음표를 가질 수 있게 하는 글을 쓰는 것은 아닌지 점검해야 한다. 글쓰기의 시작은 나를 위한 글이어야 한다. 그 시작을 통해 내공을 쌓고 시간을 보내면서 타인을 위한 글로 변모되어야 한다. 독자는 글쓴이의 생각을 들여다본다.

독자를 향한 마음을 붙들고 있어야 일관성 있는 글을 쓸 수 있다. 그렇다고 해서 이분법적으로 독자를 향한 글만 써야 하는 것은 아니다. 쓰는 글의 양을 조절해서 여전히 시작하는 글은 나를 향해야 한다. 그다음에 독자를 향한 글의 비중을 늘려가면 된다.

방향이 어디로 향하는지가 정말 중요하다. 타인을ㅈ국 나를 향한 글로 돌아온다. 타인을 돕는 일이 나를 돕는 일이 된다. 누군가에게 내가 알고 있는 지식으로 도움을 주면 그 과정을 통해 훌쩍 성장한 나를 만날 수 있다. 스스로 일관성 있는 사람이 되기 위해 노력해야 한다.

그 일관성이 글에도 스며든다. 말을 했다가 지키지 않는 사람, 괜찮은 사람이라 생각했는데 교만한 사람을 보면 마음이 불편하다. 일관성이 틀어져 버렸기 때문이다. 말을 하면 지켜야 하고, 늘 배움과 겸손을 잃지 말아야 한다. 그 마음을 지키며 살아가는 사람의 글은 아름답다.

SUMMARY

글의 시작은 일기가 좋다. 일상의 보석을 발견하고 글을 쓰는 작업을 이어가자. 글쓰기에 적응이 된 이후에는 에피소드를 활용해서 글을 쓰자. 에피소드로 작성한 글을 모으고 스토리를 덧붙이면 한 권의 책을 완성할 수 있다.

글을 쓸 때는 스스로를 향한 응원이 필요하다. "알파야, 잘할 수 있어!"라는 말을 스스로에게 자주 해준다. 한 걸음 더 나아가기 위해서는 용기가 필요하다. 스스로를 응원하는 시간을 가지자.

2장

꾸준히 글을 쓰는 방법은?

WINNER
WRITING

1

글쓰기를
마라톤과 같이 생각하자

최근 글쓰기를 하면서 마라톤과 닮았다는 걸 느낀다. 42.195km를 한번 도전해 보면 이게 말하고는 다르다는 걸 알 수 있다. 그저 끝까지 가는 것 자체가 위너임을 실감할 수 있는 게 마라톤이다.

글쓰기도 이런 마인드로 해야 한다. 그저 끝까지 가는 것, 그 길을 걸어가야 한다. 글쓰기를 하는 것이 마라톤의 여정과 참 닮았다. 10km쯤 뛰었는데 아직도 먼 길처럼 느껴진다. 물을 마셨는데 갈증이 사라지지 않는다.

책을 한 권 출간했는데 여전히 갈 길이 멀어 보인다. 출간을 했는데 글을 계속 쓰는 게 여전히 어렵다. 20km쯤 뛰었는데 아직도 먼 길처럼 느껴진다. 물을 마셨는데 갈증도 사라지지 않고 다리도 후들거린다.

책을 2권 출간했는데 여전히 갈 길이 멀어 보인다. 두 번째 책을 출간했는데 여전히 글을 쓰는 것은 쉽지 않다. 30km쯤 뛰었는데 아직도 먼 길처럼 느껴진다. 물을 마시고 다리를 주물러 봐도 마음 같지가 않다.

책을 3권 출간했는데 여전히 갈 길이 멀어 보인다. 세 번째 책을 출간했는데 여전히 채워야 할 부분들이 보인다. 이렇게 비유를 쓰고 보니 글쓰기도 역시 마라톤이다. 42.195km를 다 뛰고 나면 또 새로운 마라톤 코스가 등장할 것이다.

이렇게 5권이 한 사이클이 되었다. 책을 출간하고 글을 쓰는 과정은 여전히 쉽지 않은 과정이 될 것이다. 그래도 하다 보면 좋아진다. 첫 번째 책이 3년 걸렸고, 두 번째 책이 1년, 세 번째 책이 6개월 걸렸다. 네 번째 책은 4개월 걸렸다. 다섯 번째 책은 3개월이 걸렸다.

분명 좋아지고 있는 것이다. 여러분의 글쓰기도 그럴 것이다. 그러니 너무 힘들어하지 말자. 모두가 쉽지 않게 글쓰기의 여정을 나아가고 있다. 그러니 괜찮다. 내 글이 부족해 보여도 괜찮다. 그저 매일의 열심을 내려놓지 않고 이어가면 된다. 그 마음이 당신을 성장시켜 줄 것이다.

2

스스로를
위로하자

 독자님들께 이런 질문을 받았다. "알파 작가님, 글을 쓰다가 멈췄는데 다시 시작하기가 쉽지 않아요. 어떻게 해야 할까요?" 그 독자님께 이렇게 말했다. "괜찮아요. 호흡을 가다듬고 힘을 빼고 한 줄, 두 줄 쓰면서 다시 시작해 보세요."

 '괜찮다. 그럴 수 있다.'라고 나의 마음과 상태를 받아들일 필요가 있다. 글을 쓰다가 안 써지는 날에는 휴식도 필요하다. 다만 글쓰기를 업으로 하겠다고 생각한 사람은 독서를 해서 좋은 문장을 찾아서라도 글을 써야 한다.

하지만 개인의 목표를 위해 글을 쓰는 사람이라면 조금 쉬었다 가도 된다. 글쓰기에 대한 생각은 사람마다 다르기에 정답은 없다. 다만 글을 쓸 때 작가라고 말하는 사람들은 글을 기다리는 독자들에게 책임감을 가져야 한다. 독자를 위해 최선의 노력을 다해야 한다.

이 경우를 제외한다면 글쓰기를 잠시 쉬었다 가는 것도 좋은 방법이 될 수 있다. 글쓰기는 평생을 이어가는 마라톤과 같은 여정이다. 한순간에 힘을 쏟아낸다고 해서 결과를 만들어 낼 수 있는 영역은 아니라고 보는 게 맞을 것이다. 전업 작가라고 하더라도 잠시 멈춤, 잠시 휴식은 필요하다.

다만 독자들이 느낄 만큼의 오랜 휴식은 경계해야 한다. 작가라는 타이틀을 달았다면 글로 소통하는 사람이 되겠다는 독자와의 약속을 한 것이기에 그 무게감도 함께 받아들일 필요가 있다. 반면 글을 쓰는 것 자체를 즐기며 성장해 나가는 사람이라면 그에 맞는 속도가 필요하다. 걷고, 달리고, 전력 질주를 해야 근육이 놀라지 않는다.

반면 달리기를 해야 하는 선수가 걸어 다니는 것도 문제가 된다. 그러니 자신의 위치와 상황에 맞는 글쓰기가 필요한 것이다. 걷는 사람에게도 물과 휴식이 필요하고, 뛰는 사람에게도 동일하게 쉬는 시간이 필요하다. 그 휴식의 내용과 질은 조금 달라야 한다.

단순히 건강을 위해 맨발 걷기를 하는 사람과 프로 마라톤 선수로 달리기를 하는 사람의 농도는 달라야 하는 것과 같은 이치다. 글쓰기를 대하는 태도는 달라야 하지만 전업 작가도 지칠 수 있다. 전업 작가가 아닌 사람은 더 그럴 수 있다. 그럴 때는 스스로를 향한 위로가 필요하다. "그럴 수 있어, 다시 힘내자. 파이팅!"이라고 말하면서 잠시 휴식을 취하고 앞으로 나아가자.

3

글을 통해 사랑의 감정을 만나자

아침에 일어나 아내를 꼭 끌어안으면서 귀에 "사랑해."라고 속삭여 주었다. 아내는 "나도."라고 말하며 미소 짓는다. 아침의 '사랑해.'는 행복을 불러온다. 『위너러브』를 출간하면서 '사랑'이라는 감정에 대해 깊이 생각해 보는 시간을 자주 가질 수 있어서 감사하다. summary 프리뷰를 하면서 부부에 대해서도 더 깊이 생각해 볼 수 있었다.

글을 쓰면서 경험하는 감사함이 있다. 독자분들로부터의 공감, 글을 쓰면서 얻는 내면적 기쁨이 있다. 최근 이런저런 질문들을 자주 받는다. 그중 왜 그렇게 글쓰기에 진심이냐는 질문이 있었다. 그 질문에 대한 답은 사람을 살리는 글을 쓰고 싶어서다.

필자의 책 『고난은 축복이더라』를 읽고 다시 살아갈 힘을 얻으셨다는 분이 계셨다. 그 말을 들은 순간 내게 글쓰기는 사명이 되었다. 나의 글로 누군가가 살아갈 힘을 얻을 수 있어서 정말 감사하다. 그런 마음으로 사랑에 대한 이야기도 준비해 『위너러브』를 출간했다.

사랑은 주는 것, 사랑은 오래 참는 것, 사랑은 무례히 행치 아니하는 것 등 사랑을 말하는 다양한 말들이 있다.

세상에서 가장 강한 것은 정의이다.
에서 사랑이 정의보다 강함을 깨달았다.
− 『100세 철학자의 행복론』, 김형석 −

『100세 철학자의 행복론』에서 사랑이 세상에서 제일 강하다는 표현이 나온다. 사랑은 그만큼 아름답고 고귀한 것이다. 삶 속에 사랑이 가득하게 만들 수 있다면 그것 자체가 감격적인 삶이다. 그래서 요즘 책을 쓰고 읽으면서 더 사랑을 노래하고 있다.

아내와 딸에게 사랑한다는 말을 더 자주 하려 노력한다. 덕분에 가족 안에 사랑이 더 커지는 경험을 하게 된다. 생각이 말이 되고 말이 글이 된다. 그러니 사랑을 생각하고 말하고 글로 쓰자. 그 속에 행복이 깃든다.

4

작가들은 아침에 글을 쓴다

 글쓰기를 지속하면서 여러분의 작가님들을 알게 되었다. 대부분 아침에 글을 쓴다는 공통점이 있었다. 그러고 보니 필자도 아침 위주로 글을 많이 쓴다. 그 이유가 무엇일까? 아침이 주는 생기 때문이다. 아침에는 시간적 여유가 있고 조용하다. 그리고 생각을 집중해서 표현하기에 아주 좋다.

 마음이 글에 담긴다. 그래서 아침에 일어난 상쾌함이 좋은 영감을 전달해 준다. 글쓰기를 오래 이어와 보니 아침에는 이성이 지배하고 저녁에는 감성이 지배한다는 것을 느낄 수 있었다. 이성과 감성이 어떻게 다를까? 말 그대로 아침에는 이성이 지배하는 직관적인 글을 쓸 수 있다. 저녁에는 감성이 지배하는 감정선이 드러나는 글을 쓸 수 있다.

 하고자 하는 표현을 정확하고 자세하게 표현할 수 있는 아침 시간을 선호하게 된다. 여러 작가님들과 모닝 루틴으로 "안녕하세요."라는 인사를 하게 될 때가 많다. SNS의 발달로 굿모닝이 일상화된 요즘이다. 덕분에 생동감 있게 열심을 낼 수 있다. 아침이 주는 무드에 함께하는 동료가 있는 글쓰기는 즐거움을 동반한다.

 글이 잘 써지지 않는 날이 있다면 아침 시간을 활용해 보자. 그 시간이 주는 무드와 감격이 있다. 아침이 주는 생기와 기쁨이 있다. 글도 내가 쓴 것이 맞나? 싶을 정도로 술술 풀리는 경험을 하게 될 것이다. 피곤하면 글도 잘 써지지 않는다. 저녁에는 주로 피곤함이 함께 공존한다. 그래서 피로함을 멀리 보내버린 아침 시간의 글쓰기가 소중한 것이다. 아침을 여는 글쓰기를 추천한다. 그 속에 즐거운 시간이 깃든다.

5

명상을 통해
습관을 이어가자

성공한 사람은 아침에 명상하고 글을 쓴다.

— 『후회 버리는 습관』, 한근태 —

성공하는 사람이 가진 습관이 명상과 글쓰기라고 한다. 그럼 성공하는 사람이 되려면 해야 하는 것도 명상과 글쓰기가 된다. 아침에 일어나 넷플릭스를 보는 사람과 글 쓰는 사람 중 누가 성공할까? 말해 무엇 하겠는가? 당연히 글 쓰는 사람이 성공한다.

그렇다면 우리가 해야 할 일은 정해진다. 명상과 글쓰기를 해야 한다. 그런 점을 너무 깊이 느꼈기 때문에 2024년 9월에『위너모닝』을 출간했다. 『위너모닝』에 필자의 아침 루틴을 자세히 적고 아침의 유익에 대해 자세히 기술했다. 필자는 지난 1년간 아침 루틴을 습관화했다.

매년 4~5권의 책을 출간할 수 있는 아침 체력을 확보했다. 덕분에 2024년에 3권의 책(『위너노트』, 『위너러브』, 『위너모닝』)을 출간했다. 무엇이 이런 스케줄을 가능하게 했을까? 그 내용을 들여다보면 간단하게 답이 나온다. 바로 아침 습관이다. 매일 새벽에 일어나 명상을 하고 글을 쓴다.

7편씩 글을 쓰기 때문에 한 달이면 200편이 넘는 글을 완성할 수 있다. 100편이면 한 권의 책을 완성할 수 있다. 그래서 매년 24권의 책을 쓸 수 있는 글감을 확보한다. 모든 글을 책으로 낼 수는 없기에 글을 엄선하다 보면 1년에 5편 정도는 출간할 수 있게 된다. 좋은 습관이 결과를 만들어 준다.

매일 대략 3~4시간 정도는 글쓰기에 시간을 보내고 있다. 매일 글을 써보자. 성장하는 삶은 내 것이 된다. 바뀐 습관 덕분에 삶도 더 행복으로 채워 넣게 된다. 글을 써보면 알 수 있다. 글 쓰는 기쁨과 행복이 정말 크다.

6 기록의 힘을 경험하자

반복을 통해 생각을 키울 수 있다.
생각을 키우는 것에 기록이 큰 역할을 한다.

- 『마인드 박스』, 김익한 -

사람은 망각의 동물이다. 기억력에 한계가 있다. 그래서 좋은 생각도 금세 잊어버린다. 좋은 생각을 잡으려면 기록해야 한다. 스쳐 지나가는 생각을 잘 붙들어야 좋은 글을 쓸 수 있다. 필자는 제목과 글쓰기에 들어갈 단어 2~3개를 자주 메모한다. 걷다가 생각이 나면 메모를 한다. 책을 읽다가 영감이 지나가면 기록을 한다.

휴대폰 메모장에 자주 적어둔다. 그럼 다음 날 쓸 7개의 포스팅을 미리 준비할 수 있다. 글감이 준비되면 일필휘지로 글을 써 내려갈 수 있다. 글감이 준비되지 않으면 포스팅을 할 때도 시간이 오래 걸린다. 효율적인 시간 관리를 위해 평소에 글 쓰는 준비를 하는 작업이 꼭 필요하다.

한 가지 더 좋은 점은 기록하면 실행력을 높일 수 있다는 점이다. 해야 할 일을 미리 기록해 두는 편이다. 그럼 다음 날 스케줄 정리도 되고 누수되는 시간도 줄일 수 있다. 많은 일을 해낼 수 있는 방법은 시간을 효율적으로 쓰는 방법뿐이다. 그래서 어떻게 하면 시간을 효율적으로 사용할까 늘 고민한다.

효과적인 시간 사용에도 우선순위를 정한 기록이 큰 도움이 된다. 사람의 기억력에는 한계가 있다. 그 점은 분명하게 인정하고 받아들여야 한다. 그리고 중요한 사건을 만나면 어김없이 기록해야 한다. 기록된 내용은 그때의 생각과 함께 저장된다. 그래서 다시 그 기록을 볼 때 생각도 함께 소환할 수 있어서 좋다. 생각과 기록이 연결된다. 좋은 생각을 자주 하면서 좋은 기록도 함께 하는 지혜가 필요하다.

글이 안 써질 땐 독서로 팝콘을 튀겨라

 글이 안 써질 때는 독서를 한다. 고명환 작가도 저서에서 글이 안 써지는 날에는 독서를 한다고 했다. 필자도 마찬가지다. 글이 안 써지는 날에는 독서를 두 배로 한다. 사고의 문을 활짝 열어버린다. 독서를 통해 새로운 문을 열 수 있다.

 안 써지던 글을 잘 쓸 수 있게 된다. 마치 팝콘이 튀겨 나오는 것처럼 글감이 쏟아진다. 당장 주워 담으면 쏟아질 것 같이 글감이 샘솟는다. 그런 상태가 되면 빠르게 글을 쓰는 자리로 간다. 글을 쓴다. 생각의 조각들이 흩어지지 않도록 주의를 기울이며 글을 쓰기 시작한다.

속도가 나기 시작한다. 그렇게 써지지 않던 글이 술술 풀리는 놀라운 경험을 하게 된다. 독서는 그런 매력을 갖고 있다. 금일 『브레인포그』와 『부모 인문학 수업』을 읽었다. 하루에 2권을 읽는 경험이 흔하지는 않은데 글이 안 써지는 덕분에 더 열심히 읽을 수 있었다.

덕분에 글을 마음껏 쏟아내고 있다. 좋은 글은 준비된 글이다. 노트북 앞에 앉아서 생각하며 쓰는 글이 아닌 이미 정해놓은 글을 일필휘지로 써 내려가는 글이 좋은 글이다. 대체로 글감을 미리 정해놓으려 노력한다. 주제문과 내용 두 단어를 정해놓으면 내가 원했던 느낌의 글을 쓸 수 있게 된다.

때때로 글을 쓰고 싶은데 쓰지 못하는 상태가 될 때가 있디면 독서를 해보길 권한다. 마치 팝콘이 튀겨지는 것처럼 "유레카"를 외칠 수 있는 경험을 하게 될 것이다. 독서를 했는데도 글이 잘 안 써진다면 독서를 적게 해서 그렇다. 충분한 양을 읽고 나면 분명 원하는 글을 쓸 수 있는 상태가 된다.

8. 독서로 글을 잘 쓸 수 있는 준비를 하자

> 공감을 잘하는 사람이 글을 잘 쓴다.
> 독서를 통해 공감 능력을 키울 수 있다.
> 감정의 이입과 전이 감각을 키워준다.
>
> - 『나는 말하듯이 쓴다』, 강원국 -

공감력을 독서로 키울 수 있다는 말이 와닿는다. 요즘 1일 1독을 하고 있다. 다양한 철학에 관한 책을 읽으면서 철학의 계보에 대한 궁금증이 생겨서 더 책을 읽어보게 된다. 강원국 작가의 글을 읽으면서 글쓰기에 대해 공감하게 된다. 공감력을 키우면 글을 잘 쓰게 된다. 책은 독자에게 공감을 얻어야 하는 매개체라서 글을 쓰는 사람에게는 공감력이 필수적으로 필요하다.

독서를 권장하는 강원국 작가의 말이 더 주의 깊게 들린다. 심리학 책을 읽으면서 사람의 심리를 알아보게 된다. 강원국 작가의 『강원국의 글쓰기』를 보면서 글쓰기에 대한 생각을 깊이 할 수 있었다. 나는 말하듯이 쓴다를 보면서 글 쓰는 것이 말하는 것과도 연결된다는 사실을 공감하게 되었다.

책을 읽으면서 감정 이입이 된다. 또한 그 생각이 나의 생각으로 전이된다. 덕분에 더 깊이 공감할 수 있게 된다. 작가들이 책을 더 많이 읽어야 하는 이유는 독자에게 공감을 주는 글을 써야 하기 때문이다. 작가의 생각을 가장 효율적으로 전달하는 방법은 독사가 공감할 수 있는 글을 쓰는 것이다.

어떤 글을 읽었을 때 가장 공감이 잘 되는지를 알기 위해서 독서를 해야 한다. 독서를 하는 과정을 통해 지식을 지혜로 변환시키는 시간도 가진다. 더불어 공감력도 크게 키울 수 있는 장점이 있다. 매일 1일 1독 이상 하고, 하루 한 편 이상의 독서평을 함께 쓰고 있다. 이 시간을 통해 공감한 내용을 내 것으로 만드는 시간을 보내고 있다.

좋은 글은 하루아침에 완성되지 않는다는 것을 알기에 매일 독서를 통해 인풋의 시간을 가지고 있는 것이다. 인풋과 아웃풋이 적절히 조화되는 시점에 공감력도 자라난다. 매일 독서하는 시간을 확보하자. 조금씩 쌓아나가는 독서의 시간이 후에 값진 결실로 돌아오는 날이 있을 것이다.

9

독서로
글쓰기 밑천을 만들자

독서는 생각을 떠오르게 한다. 생각은 글쓰기 밑천이다.

— 『나는 말하듯이 쓴다』, 강원국 —

독서를 하다 보면 좋은 생각을 만난다. 그 생각은 어김없이 메모한다. 독서를 하면서 만난 문장은 주제와 본문의 소재로 활용된다. 생각은 글쓰기의 재료다. 그 재료를 얻는 작업이 독서다. 그래서 다작을 하는 작가들이 다독을 권장하는 것이다.

매일 책을 읽으면 글을 쓸 원천을 얻을 수 있다. 글을 길게 쓰거나 잘 쓰려고 하면 힘들다. 짧게 쓰는 것은 가능하다. 그래서 키워드를 저장해 두는 것이 좋다. 인상 깊었던 문장에서 '내 것이다.'라는 생각이 드는 단어를 메모하면 글쓰기의 새 지평을 열 수 있다. 이번 글에서의 키워드는 독서, 글쓰기, 밑천이다.

 이 세 가지 단어로 한 편의 글을 완성할 수 있다. 독서는 읽는 시간으로, 글쓰기는 글을 쓰는 작업으로, 밑천은 재료로 약간의 변주를 주어서 나만의 글쓰기를 한다. 글을 쓰는 작업은 생각을 표현하는 것이다. 계속해서 시도하면서 연습의 시간을 늘려가야 한다. 연습하는 시간을 통해서 성장을 경험하게 된다.

 무엇이든지 원리가 같다. 오랜 시간 노력한 사람이 갈고 닦은 시간만큼 일취월장한 자신의 실력을 보는 것도 즐거운 일이다. 매일 글쓰기에 최대한의 시간을 쓰면서 연습을 계속하는 작업을 이어가고 있다. 그 글을 통해 스스로를 돌아보고 글쓰기의 방법을 연구할 수 있다.

 좋은 재료를 얻기 위해 매일 독서하는 시간에 주의를 기울이고 있다. 책을 읽으면서 얻는 지식과 더불어 글쓰기의 재료를 만나는 즐거움이 있다. 2024년 한 해 동안 책을 읽으면서 지식을 배우는 즐거움에 대해 더 깊이 느낀다. 남은 한 해 동안도 최선을 다해 읽기와 쓰기에 시간을 보내겠다는 마음을 먹는다.

10

좋은 질문을 통해
좋은 글을 만들자

스스로에게 물어야 글을 쓸 수 있다.

− 『나는 말하듯이 쓴다』, 강원국 −

글쓰기에 관한 책을 추천하라면 『강원국의 글쓰기』를 먼저 추천하게 된다. 물론 나의 저서인 『위너노트』도 권하고 싶은 마음이 있다. 한 권 더 권하라고 하면 『마음을 흔드는 글쓰기』도 추천하고 싶다.

글쓰기에 대한 생각은 늘 깊은 생각을 하게 만든다. 글쓰기를 잘하고 싶은 마음을 품고 글을 써나가고 있는 요즘이다. 그래서 좋은 글에 대한 질문을 자주 하게 된다. 그 궁금증에 대한 답을 강원국 작가는 스스로에 대해 물어야 한다고 답한다.

　매일 글에 대한 물음을 하고 답하는 시간을 가지면 스스로의 글에 대해 알아갈 수 있어서 유익하다. 내가 어떤 글을 좋아하는지에 대해서도 질문을 통해 알아갈 수 있다. 『고수의 질문법』을 쓴 한근태 저자는 질문에 대한 답으로 지혜를 얻을 수 있다고 말한다. 질문을 준비함으로 지혜를 얻을 수 있다.

　매일 스스로에게 글에 관한 질문을 하는 시간을 가지면 글을 쓰는 데도 도움을 얻게 된다. 좋은 글을 쓰고자 하는 마음이 있다면 스스로에게 질문을 해보자. '어떻게 하면 좋은 글을 쓸 수 있을까?', '어떻게 하면 독자에게 도움이 되는 글을 쓸 수 있을까?', '어떻게 하면 따뜻한 글을 쓸 수 있을까?' 같은 속마음이 드러나는 질문을 스스로에게 해보는 것이다.

　그에 맞는 답을 찾아가면서 다양한 방법론적 접근을 할 수 있다. 우선 이 세 가지에 동일하게 따라오는 답은 연습이었다. 글을 쓰는 연습을 통해 도움이 되는 글, 따뜻한 글, 좋은 글을 쓸 수 있다. 다음은 독자의 관심사에 궁금증을 가지는 것이다. 독자에 대한 사랑의 마음을 품으면 그들의 궁금증에 대해 깊이 있는 접근이 가능하다.

　평소에 소통하는 이웃을 통해 관심사를 알 수 있고, 이메일로 보내오는 독자들의 표현을 통해서도 알 수 있다. 또한 SNS를 통해 소통하는 분들과의 대화를 통해서도 답을 찾을 수 있다. 다양하게 얻은 궁금증들을 나열하면서 스스로에게 다시 질문하고 답을 얻는 과정을 거치면 새로운 글을 쓸 수 있게 된다.

 강원국 작가의 말처럼 매일 스스로에게 질문을 하는 노력이 필요하다. 그 시간을 가지려면 평소에 나에게 할 질문에 대해 고민하고 찾아야 한다. 일상생활에서의 관찰과 집중력 있는 탐구를 통해 스스로에게 할 질문을 찾을 수 있다.

11 글 쓰는 사람에게 동굴의 시간이 필요하다

글 쓰는 사람에게는 동굴의 시간이 필요하다. 동굴이라고 생각하면 어둡고 침침한 곳만 생각하겠지만 실상은 그렇지 않다. 매일 아침 명상의 시간을 가진다. 나만의 동굴로 들어가는 시간이다. 좋은 글을 쓰려면 숙고의 시간이 필요하다. 그 시간 동안 글에 대한 여백을 담을 수 있다.

가만히 동굴을 탐독하고 있으면 빛이 스며든다. 여백에 자리 잡는 나비가 날아다니면서 아름다운 그림을 완성한다. 그 시간을 통해 글로 조금 더 가깝게 들어갈 수 있는 에너지를 얻는다. 잠시 멈춰서 좋은 글을 위한 사색의 시간을 가져야 한다.

어둠에 있어야 빛도 더 밝게 보이는 법이다. 잠시 멈춰보아야 걸어가는 것의 귀중함을 느낄 수 있다. 글 쓰는 사람에게 사색은 열심히 걸어가기 위한 휴식의 과정일 수 있다. 등산을 하다 보면 곳곳에 휴식을 취할 수 있는 지점들이 있다. 그곳에서 멈춰서 초콜릿도 먹고 음료도 마신다. 잠시 멈춤을 통해 힘차게 나아갈 힘을 얻는다.

우리나라 사람들은 대체로 '빨리빨리'를 좋아한다. 글 쓰는 사람이 멀리해야 할 부분이 바로 이 빠름의 속도에 취하는 것이다. 천천히 해도 괜찮다. 느리다 싶을 정도면 오히려 좋다. 가만히 멈춰서 세상을 관조할 수 있는 여유를 가져야 한다.

김치찌개를 끓이려면 오랜 숙성을 거친 김치가 있어야 하듯이 깊은 마음이 담긴 글을 쓰려면 사색이 담긴 글이 좋다. 매일 아침 나만의 사색의 시간을 가지는 이유도 같다. 좋은 글을 쓰고 싶다면 나만의 동굴을 만들어서 사색하는 습관을 가져보자.

동굴의 시간을 가질수록 자신과 대화하는 능력이 늘어난다. 생각보다 많은 사람들이 스스로와의 대화의 시간을 갖지 않고 살아간다. 스스로와 대화하는 시간을 통해 동굴 끝에서 만나는 빛을 볼 수 있는 기회를 얻을 수 있다.

12 글 쓰는 연습이 필요하다

2개의 용기에 액체가 담겨 있다고 가정해 보자. 하나는 소금이고 하나는 간장이라고 생각해 보자. 여기서 가장 중요한 건 무엇일까? 소금과 간장이 중요하다. 소금이 담긴 병이 중요한 것이 아니다. 한발 더 나아가 간장을 담은 병의 디자인에만 집중하는 사람들이 있다. 이런 식이면 좋은 결과를 내기 어렵다.

집중해야 할 것은 소금의 정제된 정도, 간장의 맛 같은 본질적인 부분에 집중해야 한다. 글을 쓰는 과정도 마찬가지다. 글 쓰는 내용에 집중해야 한다. 그런데 글의 멋, 글의 맛에만 집중하는 경우를 본다. 글자의 폰트, 글자체 등에 집중하면서 정말 중요한 글 자체의 본질에서는 멀어지는 경우다.

　가장 중요한 것은 본질이다. 글쓰기를 하면서 집중해야 할 것은 글의 내용이다. 물론 책을 출간하는 과정에서 책의 디자인과 글자체 모두 고려해야 할 대상이다. 하지만 가장 중요한 본질은 그 책이 담고 있는 글의 내용임을 잊지 말아야 한다. 주와 부를 잘 분별해서 사용해야 하는 것이다.

　주객이 전도되면 상당한 부분에서 오류를 경험하게 된다. 글 쓰는 사람에게 필요한 좋은 글을 쓰는 노력을 잊지 말고 본질에 집중하는 시간을 가져야 하는 이유다. 매일 글 쓰는 시간을 가지면서 연습을 계속해 나가야 한다. 그 시간을 통해 스스로의 성장을 경험할 수 있다. 아울러, 좋은 글을 위해 부차적인 것보다는 본질적인 글쓰기에 몰입하는 시간을 집중적으로 연습해야 한다.

　글 쓰는 사람에게 가장 중요한 자세는 매일 동일한 시간에 글쓰기 연습을 하는 것이다. 매일 성실하게 행동을 쌓아가는 시간을 통해 필력을 쌓을 수 있다. 독자에게 다가가기 이전에 스스로와의 질문과 답변을 정리하는 시간을 가져야 한다.

　매일 글을 쓰는 시간을 통해 스스로의 성장을 경험할 수 있다. 칼을 계속 사용하면 칼날을 날카롭게 갈아주는 시간을 보내야 한다. 좋은 글을 쓰기 위해서 매일 성실하게 글을 쓰는 연습의 시간이 반드시 필요하다.

13

좋은 글을 쓰려면 충분한 휴식이 필요하다

최선을 다해 작업하기 위해 휴식이 필요하다.

- 『글쓰기의 발견』, 헤밍웨이 -

해마다 정기적인 휴가를 보내고 있다. 주로 여름이나 늦여름에 간다. 글을 쓰면서 더 휴가의 중요성을 느낀다. 휴가를 가면 모든 일상을 내려놓을 수 있다. 잠시 현실을 떠나 새로운 생각과 경험에만 몰두할 수 있는 시간이다. 휴가 시간에 집필할 책에 대한 영감을 얻게 된다. 새로운 환경에 노출되면 참신한 생각을 만날 수 있다.

휴가는 가고 싶다고 바로 갈 수 있는 게 아니기에 평소에는 휴식을 활용해야 한다. 글을 쓰다 보면 글쓰기의 속도가 느려질 때가 있다. 또는 글이 막힐 때가 있다. 이럴 때는 휴식을 취해야 한다. 잠시 커피를 마시거나 산책을 하는 것도 좋다. 뇌에서 좋은 생각이 나올 수 있도록 여백을 열어주어야 한다.

글이 써지지 않는데 무작정 글을 쓰려고 자리에 앉아 있는 것은 현명한 방법이 아니다. 컨디션이 좋지 않을 때는 회복이 먼저다. 건강해야 글이 잘 써지는 것처럼 글을 잘 쓰려면 최고의 컨디션을 유지해야 한다. "매일 글을 잘 쓸 수 있는 시간대를 찾아라."라는 조언을 자주 듣는다.

작가들이 같은 조언을 하는 이유는 자신에게 맞는 시간대에 글을 써야 좋은 글이 생산되는 것을 경험했기 때문이다. 바이오리듬은 아래에서 위로 위에서 아래로 그래프를 그리며 요동친다. 나에게 맞는 최적의 바이오리듬을 찾아야 한다. 최적의 상태에서 쓴 글의 밀도가 높은 건 당연한 결과다.

아침에 글을 쓰는 게 맞는 사람이 있고, 저녁에 글을 쓰는 게 맞는 사람이 있다. 정답이 없으니 나에게 맞는 스타일을 찾으면 된다. 중요한 것은 글쓴이가 좋은 글을 쓰려는 마음을 글로 옮기는 행동을 계속 이어가는 것이다. 좋은 활동을 계속하기 위해 컨디션을 좋게 유지하고 휴식을 병행해야 한다.

14 개인의 경험은 보석과 같은 가치가 있다

개인의 경험이 중요한 이유는
그 자체로 독창성이 확보되기 때문이다.

- 『결국은 문장력이다』, 후지요시 유타카, 오가와 마리코 -

가끔 자신의 경험을 터부시하는 분들을 만난다. 그럴 필요도 없고 그래서는 안 된다. 나부터 나 자신을 존중하는 습관을 가져야 한다. 모든 것이 나의 내면에서 출발한다. 내면이 건강하지 못하면 글도 아름답게 쓰지 못한다. 좋은 글을 쓰려면 스스로를 응원하는 것부터 시작해야 한다. 나를 향한 응원으로 하루를 시작하면 하루 중 보석 같이 빛나는 순간을 발견할 수 있다.

마음밭이 건강해야 하루 중 의미 있는 일도 발견할 수 있다. 종종 지인과의 대화를 통해서 인사이트를 얻는 경우가 있다. 서로의 경험을 이야기하다가 배움을 얻기도 한다. 어려움을 경험한 사건들에 대해 시간순으로 이야기하다가 어떻게 극복했는지에 대해 말을 하면 공감하게 된다.

누구나 힘든 경험을 하면서 살아가기 때문이다. 상대방과 같은 경험은 아니더라도 자신만의 무게를 견딘 순간을 떠올리며 대화에 더 몰입할 수 있다. 매일의 일상이 뭐 그리 큰 이슈가 있겠냐는 시각으로 보면 아무것도 아닌 것처럼 느껴진다. 스스로의 경험에 가치를 두고 간직해야 할 부분들을 찾으면 비로소 보이는 것들이 있다.

특히, 어려움을 이겨낸 경험이나 도전해서 결과를 만든 것은 더욱 더 보석 같은 메시지를 포함한다. 개인의 경험은 고유의 아이덴티티가 생기기에 독창성이 보장된다. 특별할 것 없다고 생각할 수 있지만 시선의 뷰를 조금 더 가깝게 가져가면 보석 같은 순간을 포착할 수 있다. 삶에 있어 감격적인 순간들이 자주 있다.

내가 쓴 글로 누군가가 감동을 받았다는 댓글을 볼 때의 감격이 있다. 내가 쓴 책으로 삶에 변화를 가져가려 노력하고 있다는 말을 들을 때 행복하다. 별것 아니라 생각했던 개인의 경험은 값진 보석과 대체할 수 없을 만큼 귀중한 가치가 있다. 스스로의 글을 존중해야 한다.

사랑해야 한다. 아름다운 글을 쓰는 시작은 나의 글을 대하는 나의 태도에서 시작한다.

SUMMARY

글쓰기는 마라톤과 닮았다. 오랫동안 연습의 시간을 쌓아야 한다. 때론 지치고 힘들 때도 있다. 그 순간을 잘 지나가야 좋은 글을 쓰는 사람으로 살아갈 수 있다.

언제 글을 쓰면 마라톤을 잘 뛸 수 있을까? 가장 좋은 시간은 아침이다. 휴대폰의 방해가 없는 아침 시간을 활용해서 글을 써보자. 상쾌한 아침 공기와 무드가 주는 선물이 있다. 글쓰기로 시작하는 아침은 희망이 깃든다.

3장

글쓰기를
업그레이드하기 위한
실전 비법

WINNER WRITING

1 집중력을 가지고 글쓰기를 하자

집중력을 유지하는 것 자체가 기술이다.

-『일류의 조건』, 사이토 다카시 -

한 가지 일을 지구력 있게 계속하는 것이 생각보다 어렵다.『일류의 조건』에서는 "집중력을 유지하는 것 자체가 기술이다."라고 표현한다. 집중해서 하는 일을 만들면 실력을 키울 수 있다. 필자에게 있어 글쓰기가 그렇다. 지난 3년간 매일 글을 써왔다. 덕분에 필자의 글도 글쓰기가 메인 테마가 되었다.

글쓰기에 집중하며 24년을 보내면서 블로그에 5포, 6포, 7포 챌린지를 완성하였다. 덕분에 글쓰기에 진심을 담는 연습을 할 수 있었다. 다작을 실천하면서 집중력을 모으는 연습을 했다. 글쓰기에 몰입하면 마음이 차분해지고 행복한 시간을 경험하게 된다. 집중력이 기술이라는 말에 공감하게 되는 이유다.

좋은 글을 쓰겠다고 마음먹으면 늘 '어떻게'가 따라붙는다. 힘이 들어가고 불필요한 조사들이 붙어 글의 가독성이 떨어지게 된다. '어떻게' 보다 글 쓰는 행동 자체에 집중하는 시간을 가져보자. 주제와 키워드에 집중해서 글을 쓰면 가독성을 높일 수 있다. 필자의 경우엔 한 편의 글쓰기를 할 때 미리 주제문과 3개 정도의 키워드를 잡고 글을 쓴다.

예를 들어 '글쓰기가 잘 안되는 날의 해결책'이라는 주제문을 삼는다고 하면 키워드는 여행, 휴식, keep going으로 잡아본다. '글쓰기가 잘 안될 때는 여행을 가거나 휴식을 취해야 한다.'로 이어지는 문장을 구성한다. 충분한 설명을 덧붙인 후 keep going도 한 가지 대안으로 제시한다.

멈추는 방법도 있고, 계속하는 방법도 있다는 것을 동시에 말하는 것이다. 이렇게 주제문과 3개의 키워드를 함께 준비하면 글쓰기에 집중할 수 있다. 그 시간 자체가 실력이 되는 순간을 경험할 수 있다. 집중력 있는 글쓰기를 위해서는 좋은 주제문과 키워드를 준비하는 과정이 필요하다.

2. 글쓰기에 몰입하자

> *자신이 즐기는 일을 하는 것이 행복한 것이 아니요,*
> *자신이 지금 하는 일을 즐기는 것이 행복한 것이다.*
>
> -『몰입』, 황농문-

좋아하는 것이 있다면 몰입해서 계속하는 것이 중요하다. 필자에게는 글쓰기가 그렇다. 매일 글을 쓰고 책의 집필까지 하면서 글 쓰는 시간을 계속해서 늘려가고 있다. 아침, 저녁으로 글 쓰는 시간을 확보하고 있다. 좋아하기에 가능한 일이다. 낮에는 일을 하기에 글을 쓸 시간이 부족하다. 그래서 아침 시간과 저녁 시간을 활용한다.

좋아하면 시간이 날 때마다 할 수 있다. 그래서 자신이 무엇을 좋아하는지를 찾는 것이 선결되어야 한다. 좋아하면 몰입할 수 있다. 몰입에 들어가서 그 행동을 즐기면 행복도 함께 만날 수 있다. 삶을 행복으로 끌고 가면 현명한 사람이 된다.

필자는 요즘 글쓰기에 몰입하는 시간을 자주 가진다. 글을 쓸 때 집중한다. 마음을 담은 글을 쓰기 위해 할 수 있는 최선의 노력을 다한다. 책을 출간하고 후기를 들으면서 더 글쓰기에 대한 마음이 깊어진다. 글쓰기는 생산적인 활동이다. 좋은 생각을 하고 좋은 글을 생산하면 글을 읽는 사람에게 긍정적인 영향을 줄 수 있다.

글을 통해 작가의 생각을 전달할 수 있고, 독자의 생각을 읽을 수 있다. 서로의 생각을 주고받으면서 함께 성장할 수 있다. 좋은 시그널을 주고받기 위해 매일 좋은 생각을 하고 명서를 찾아 읽으려 노력한다. 그렇게 들어온 인풋을 아웃풋으로 내면 마음이 담긴 글이 탄생한다.

3

나만의
글을 쓰자

글을 잘 쓰려고 하기보다는 자기만의 글을 쓰는 것이 중요하다.

-『대통령의 글쓰기』, 강원국-

사람의 생각이 비슷할 것 같지만 같은 경우는 거의 없다. 모두의 생각이 다양하고 세계관도 제각각이다. 그래서 타인의 것을 따라가는 것보다 자신의 것을 알아가고 표현하는 것이 중요하다. 글을 잘 쓰려 하기보다 나의 아이덴티티를 잘 표현할 수 있는 글을 써나가는 것이 글쓰기 라이프에 도움이 된다. 나의 이야기 나의 스타일에 집중하는 사람의 글이 갈수록 매력적이다.

세상에 하나뿐이기 때문에 희소성을 가진다. 더불어 본 적이 없는 문체라서 더 끌린다. 사람은 유한한 재화를 좋아한다. 금, 다이아몬드가 대표적이다. 나의 글이 다이아몬드 같다는 표현을 들으면 얼마나 좋을까? 그런 말을 들으려면 나의 글을 쓰는 연습을 해야 한다.

필자는 매일 적정량 이상 쓰면서 하루하루를 보내고 있다. 덕분에 글에 나만의 문체가 조금씩 묻어나기 시작했다. 글을 읽어보면 작가만의 개성이 뚜렷하게 드러난다. 그런 사람이 되기 위한 노력이 필요하다. 종종 보는 안타까운 분들은 잘한다 싶은 사람의 것을 그대로 베끼는 경우다.

처음엔 인플루언서의 문체가 탐나서 그대로 베끼다가 다음엔 골드버튼 유튜버의 말투를 베낀다. 질리면 또 다른 사람의 것을 카피한다. 상철이와 미영이가 똑같이 1년을 글쓰기를 했다고 가정해 보자. 상철이는 베끼고, 카피하는 방식을 사용하고 미영이는 스스로 쓰는 방법을 선택했다고 가정해 보자.

1년이 지난 시점에 누구의 글이 더 매력적일까? 정답은 생각해 볼 것도 없이 미영이일 것이다. 스스로의 것을 발전시키고 업그레이드시켜 나가면 결국 성장하게 된다. 남의 것을 카피하는 것으로는 계속 낮은 수준에 머무를 수밖에 없게 된다. 타인의 것을 참고해 내 것을 덧붙여서 업그레이드하는 방식은 괜찮다. 무엇이든지 흑백논리에 빠져서는 안 된다. 좋은 글은 결국 글쓴이의 컬러와 생각이 들어간 글이다.

4

글을 이끄는 리더가 되자

글을 쥐고 흔드는 주도권을 갖자.

-『회장님의 글쓰기』, 강원국 -

 어떤 단체든 운영이 잘되는 곳을 보면 뛰어난 리더가 있다. 그들은 주도권을 가지고 회사, 모임 등을 운영한다. 글쓰기도 마찬가지다. 글을 쓸 때 작가가 주도권을 가지고 쓰는 것이 중요하다. 글을 쓰는 사람이 본인인데 주도권을 가지라는 말이 무슨 말일까? 의아함을 가지는 분들도 있을 것이다.

 토론을 떠올려 보면 이해가 된다. 한 가지 주제에 대해 똑같이 의견을 나누지만 누군가는 주도적으로 이야기를 끌고 가고, 어떤 사람은 수동적으로 토론에 참여하게 되는 걸 보게 된다.

글도 비슷한 맥락이 존재한다. 쓰는 사람이 주제에 대한 주도권을 갖고 글을 쓰는 것과 아닌 것은 큰 차이를 가진다. 예를 들어 미라클 모닝에 대해 이야기한다고 가정해 보자. 자신의 경험을 바탕으로 해서 생각을 입혀 글을 쓰게 되면 주도권을 가진 글쓰기가 된다.

반면 타인의 경험을 가지고 이야기를 하면 다소 수동적인 자세가 나오면서 글의 주도권을 갖고 가기 어렵다. 글을 쓸 때 개인의 경험을 바탕으로 스토리를 풀어나가면 주도권 있는 글을 쓸 수 있다. 강원국 작가도 글을 쓸 때 주도권을 갖고 써야 한다고 말하고 있다. 공감이 크게 된다. 타인의 이야기를 가져와 글쓰기를 할 때는 작가의 의도를 정확하게 반영해서 글을 써야 한다.

그렇게 글을 쓰면 타인의 스토리이지만 내 생각이 들어가기에 주도권이 들어간 글쓰기를 할 수 있다. 글쓰기에 대한 각론과 생각은 다양하다. 그 방법론적 측면보다 중요한 것은 나의 글쓰기를 계속하는 것이다. 그 시간과 과정을 통해 글쓰기의 새로운 지평을 열 수 있다. 다만 연습을 하면서 주도적인 글쓰기를 하려고 신경을 쓰다 보면 조금 더 필력이 늘어나는 속도를 당길 수 있다.

5

글에 디테일을
실어보자

글의 성공은 디테일에 달려 있다.

- 『회장님의 글쓰기』 강원국 -

글쓰기를 하다 보면 디테일이 중요하다는 점을 자주 느낀다. 예를 들어서 꽃을 하나 표현한다고 가정해 보자. 꽃의 형태, 색상, 종류, 꽃이 핀 형태 등을 표현하려면 승부를 보아야 할 것이 디테일이다.

보라색 튤립을 한번 묘사해 보자.

보라색 튤립 이미지를 연상해 자신만의 스타일로 디테일하게 표현해 보자. 4갈래로 뻗쳐진 잎과 함께 녹색의 줄기가 길게 뻗쳐 있다. 직선으로 곧게 올라간 줄기를 보니 튤립이 건강할 것이라 예상된다. 화룡점정이라 했는가? 상단에 핀 튤립의 모양이 아름답다. 꽃잎 속에 어떤 형태와 느낌이 있을지 궁금해진다. 꽃은 펼쳐질 때 아름다워진다.

 꽃 핀 튤립을 떠올려 보면서 기분 좋은 상상도 같이 해본다. 아내와 함께 꽃 핀 튤립을 보았을 때의 즐거운 데이트 시간을 생각하니 기분이 더 좋아진다. 꽃으로 형상화된 상층부의 보라색 꽃잎이 아름답다. 보라색이 주는 싱그러움이 있다. 이 싱그러움으로 하루를 힘차게 살아가겠다 마음먹어 본다.

 튤립을 보고 디테일하게 표현하기, 나의 경험을 살짝 녹여내기, 생각도 함께 표현하기를 해보았다. 단순히 튤립을 연상하고 나타내는 것보다 훨씬 더 깊이감 있는 글을 작성할 수 있다. 이미지를 보지 않고도 글을 통해 얼마든지 그림을 표현해 낼 수 있다. 디테일하게 표현하며 읽는 사람의 몰입감도 커진다. 튤립에 대한 단순한 설명보다는 다양한 방법으로 접근해 보는 노력도 필요하다.

 이미지만 그런 것이 아니다. 자신의 생각을 나타내거나, 경험을 전달할 때도 마찬가지다. 디테일하게 표현하면 글을 읽는 사람에게 몰입의 시간을 제공할 수 있다. 책을 통해 독자와 교감할 수 있는 시간을 가지게 하는 데 디테일한 표현이 큰 역할을 한다. 글이 작가의 생각을 전달 하는 데 대부분의 역할을 하는 책을 독자에게 더 와닿게 할 수 있는 방법은 디테일한 글쓰기에 있다.

  매일 글을 쓸 때 디테일하게 표현하기 위한 노력이 필요하다. 연애할 때 남자 친구(여자 친구)가 나에게 정성을 기울이면 더 기분이 좋아지고 행복해진다. 이벤트를 준비할 때 디테일하게 시간, 공간 등을 생각해서 준비해 주면 더할 나위 없이 행복해진다. 글쓰기도 마찬가지다. 디테일한 표현이 글을 읽는 독자에게 행복을 전한다.

6

기본을 탄탄하게 다지자

평범함이 기본이다. 기초가 탄탄해야 한다.

-『어른답게 말합니다』 강원국 -

무엇을 하든 기초가 정말 중요하다. 글쓰기도 마찬가지다. 알파 블로그에 4,000편의 글을 쓰면서 늘 기초에 대해 생각한다. 문법, 단어, 문장 등 기초적인 것을 중요하게 생각하고 챙기고 있다. Back to the basic. 기본으로 돌아가자는 말이다. 그만큼 기본기가 중요한 역할을 한다.

매일의 태도도 마찬가지다. 내게 기본 세팅값으로 정해둔 것이 1일한 권 독서, 1일 7편의 글쓰기, 매일 모닝 루틴 하기, 매일 업무 보기 등이 있다. 기본으로 해야 할 일을 정해두면 튼튼하게 내실을 다져갈 수 있다. 각자의 분량에 맞는 기초값을 정해야 한다. 정한 수치를 매일 채우며 살아가면 일정 시간이 지났을 때 값진 성과를 얻을 수 있다.

　기초를 더 깊게 다루기 위해 글쓰기 책을 자주 읽고 있다. 좋은 글에 대한 마음을 좋은 글을 읽으면서 배운다. 배움의 시간은 늘 값지다. 배움을 쌓아도 배워야 할 것은 계속 있다. 겸손함을 가져야 하는 이유다. 위너들도 겸손과 배움의 자세를 잃지 않고 초심을 붙들고 살아가려 한다.

　대부분의 위너들이 독서광이라는 사실이 배움의 중요성을 설파한다. 매일 배우면서 성장하는 사람이 되어보자. 그 시간이 나와 여러분을 더욱더 성장시켜 나갈 것이다. 매일 책을 읽는다. 덕분에 어떤 배움이 있을지에 대한 설렘을 갖고 하루를 보내고 있다. 책을 읽으면서 배운 내용들을 잊지 않기 위해 독서평을 남기고 있다.

　기록은 중요한 기초 작업이다. 기억의 휘발성을 보완해 줄 보완재 역할을 한다. 덕분에 기록한 것들을 보면서 리마인딩을 할 수 있다. 기초를 탄탄하게 다져나가자. 그 시간을 통해 큰 성장을 경험할 수 있다.

7

글짓기 말고
글쓰기를 하자

글짓기가 아닌 글쓰기가 필요하다. 일단 쓰고 고쳐라.

-『대통령의 글쓰기』, 강원국 -

글쓰기를 하다 보면 글짓기를 하고 싶은 욕심이 생길 때가 있다. 이런 마음을 늘 경계해야 한다. 어떤 기준으로 글짓기와 글쓰기를 구분할 수 있을까? 글짓기는 글쓴이의 욕심이 들어간다. 뽐내고 싶은 마음이 들어간다. 이런 마음을 잘 다스려야 좋은 글을 쓸 수 있다.

글쓰기는 욕심을 빼고 군더더기가 없도록 한다. 뽐내는 것이 아니라 자신의 이야기를 쓴다. 대부분의 대작가가 된 분들을 보면 글쓰기를 한다. 자신의 이야기를 진솔하고 간결하며 쉽게 풀어내는 경향이 강하다. 글짓기를 하려는 욕망을 이미 다스렸기 때문이 아닐까?

글을 쓰다 보면 잘난 체하고 싶은 욕심이 올라올 때가 있다. 어려운 단어를 쓰면서 글을 잘 쓰는 체하고 싶은 마음이다. 부질없는 생각이라는 것을 빨리 깨달아야 한다. 글에 생명력을 부여하는 것이 작가 같지만 실상은 독자임을 깨달아야 한다. 글을 쓰면 책을 만들 수 있지만 독자가 없으면 그 책은 기능조차 하지 못한다.

독자가 그 책을 읽을 때 비로소 글에 생명력이 부여된다. 글을 쓰면서 글짓기를 하고 싶은 욕망을 다스려야 하는 이유다. 독자가 책을 읽으면 글짓기를 한 책인지 글쓰기를 한 책인지를 단박에 알아본다. 글쓰기를 성실하게 한 책은 독자의 선택을 받는다.

더불어 독자가 읽지 못한 저자의 책을 추가적으로 읽어보게 하는 역할도 한다. 늘 겸손한 마음을 가져야 한다. 그 마음이 생각이 되고 그 생각이 행동으로 옮겨져서 좋은 글이 탄생한다. 스스로를 돌아보는 시간을 가지자. 글짓기를 하고 있는 건 아닌지 점검하자. 글짓기보다는 글쓰기를 하는 사람이 되어야 한다.

8

구체적인
연도를 사용하자

구체적인 연도를 쓴다.

-『하루키는 이렇게 쓴다』, 무라카미 하루키-

글을 쓸 때 구체적인 연도를 기재하면 글의 완성도를 높일 수 있다. 개인마다 기억하는 시간의 기억이 있다. 2024년에 경험한 주관적 기억과 객관적 사실이 어우러져 개인이 글을 대하는 생각의 폭을 넓힐 수 있다. 시간은 늘 현재 시점에서 미래 시점으로 흐른다. 글을 읽는 독자는 늘 현재 시점을 기준으로 작성된 글을 읽는다. 글이 작성된 시점을 알 수 없기에 정확한 연도를 기재하면 글에 대한 이해력을 높일 수 있다.

각 연도에는 객관적 사실을 기반으로 한 사건들이 있다. 1988년에는 올림픽이 있었다. 2002년에는 월드컵 4강에 올라간 신화가 국민들의 기억에 남아 있다. 2020년은 코로나가 유행한 시기로 기억되어 있다. 대중이 기억하는 시대적 배경이 있으므로 연도를 기재하는 것만으로도 여러 가지 시대적 상황을 설명할 수 있는 장점이 있다.

연도를 정확하게 쓰는 것으로 얻는 유익이 크다. 그래서 나도 글을 쓸 때 연도를 기재하려고 노력한다. 다양한 설명 문구를 붙이는 것보다 시대적 배경을 가져와 글을 쓰는 것이 독자의 이해도를 높이기에 좋다. 글은 독자가 읽어줄 때 영향력이 생긴다. 독자기 편하게 읽을 수 있는 글을 써야 하는 이유다. 글쓰기를 할 때 연도를 넣는 것은 독자에 대한 친절한 마음을 담는 것의 하나가 된다.

좋은 글은 내용이 제일 중요하다. 그다음은 독자를 향한 마음이 중요하다. 독자의 입장에서 작성된 글이 매력적이다. 글 쓰는 사람은 독자가 글을 편하게 읽을 수 있도록 배려의 마음을 글에 담을 수 있도록 노력해야 한다. 그중 한 가지 방법이 연도를 기재하는 것이다.

글을 잘 쓰려고 애를 쓰면 오히려 글이 어려워지는 걸 경험할 수 있다. 생각의 방향을 조금 바꿔서 독자를 염두에 두고 글을 쓰면 조금 더 나은 글을 쓰기가 쉬워진다. 글을 쓸 때 연도를 기재하는 방법을 자주 활용해 보자. 독자에게 쉽게 다가갈 수 있는 글을 쓸 수 있다.

9. 틈새 시간을 공략하자

> *시간은 사람이 쓸 수 있는 가장 귀중한 것입니다.*
>
> -테오프라스토스-

하루의 시간을 살아가다 보면 늘 만나게 되는 것이 틈새 시간이다. 미팅하기 전, 미팅한 후 잠깐의 틈이 나는 시간이 있다. 예전에는 이 시간을 잠시 휴식의 시간으로 사용하곤 했다. 요즘은 사색을 하거나 짧은 글을 쓰는 시간으로 쓴다. 순간 스쳐 가는 영감을 키워드로 붙들어 둔다. 좋은 글은 가만있는데 불쑥하고 튀어나오지 않는다.

좋은 생각을 잡으려는 노력을 통해 영감이 된다. 영감이 스쳐 지나갈 때 메모하면 내 것으로 만들 수 있다. 순간을 스치는 메모를 내 것으로 만드는 연습을 해두면 좋다. 영감은 생각하려고 하면 잘 떠오르지 않는다. 스치듯 화살처럼 빠르게 지나가기에 그 순간을 포착하는 방법을 익혀야 한다.

필자의 경우엔 좋은 생각이 지나가면 단어를 빠르게 되뇐다. 메모장을 열기 전에 생각이 휘발되어 버리는 경우도 있어서 키워드 단어를 붙잡기 위해 같은 단어를 계속 말한다. 3~5초의 짧은 시간 동안 좋은 생각이 사라지는 경험을 종종 했다. 틈새 시간에도 생각보다 많은 글감을 얻을 수 있다. 영감이 폭발적으로 치솟는 경우에는 여러 개의 키워드를 붙잡을 수 있다.

4~5시간을 앉아서 글을 써야 7편을 마무리하는 날이 있다. 어떤 날은 한 시간 만에도 7편을 쓰게 되는 날도 있다. 그 차이는 미리 잡아놓은 글감에서 온다. 영감이 떠오를 때 키워드로 치환시켜서 글감을 확보하면 빠르게 글을 정리할 수 있다. 4~5시간을 소모해서 쓴 글보다 글의 퀄리티도 더 좋은 걸 느낄 수 있다.

틈새 시간을 잘 공략해야 한다. 50분 일하고 10분 쉬는 시간이나, 미팅 후 잠깐 비는 10분의 시간을 잘 활용하고 있다. 남는 시간을 멍하니 흘려보내지 말자. 생각보다 큰 선물을 틈새 시간을 통해 얻을 수 있다. 틈새 시간 활용도 연습을 통해 효율성을 키울 수 있다. 나의 삶에 누수되고 있는 시간은 없는지 점검하자. 그 시간만 내 것으로 만들어도 삶의 효율성을 한 차원 높일 수 있다.

10. 산책 시간을 가지자

 글을 쓰는 사람에게 필요한 것이 독서와 글쓰기를 하는 시간이다. 이건 기본이라 보면 된다. 매일 하고 쌓아가야 하는 것이다. 매일 써야 하는 글을 잘 쓰려면 어떻게 해야 할까? 영감이 떠오르는 순간을 자주 만나야 한다. 이건 독서의 시간을 통해 할 수 있지만 글이 잘 읽히지 않을 때는 산책을 하는 것이 좋은 대안이 된다.

 걷는 순간에 좋은 생각이 찾아온다. 아파트 주변을 한 바퀴 돌거나 사무실 주변을 걷는 방법이 있다. 또는 매일 아침 가까운 산으로 산행을 가는 것도 좋다. 상쾌한 공기를 마시면서 걸으면 좋은 생각으로 뇌를 가득 채울 수 있다. 이때 찾아오는 좋은 단어를 붙잡아야 한다. 스쳐 지나가는 긍정적인 생각을 키워드로 메모하는 습관을 들이면 좋다.

걸으면서 만나는 경험을 글로 표현해 보는 것도 좋은 방법이다. 실질적인 경험을 서술할 수 있어서 디테일한 표현이 가능하다. 고양이를 만난 이야기, 산행을 함께 다니는 이웃의 이야기를 글로 표현해 볼 수 있다. 산책은 여러모로 유익하다. 여러 통계와 건강 서적에 의하면 하루 8,000보 이상을 걸으면 건강한 신체를 유지하는 데 도움이 된다고 한다.

걷는 시간을 통해 혈액순환이 원활하게 되고, 기분이 좋아진다. 좋은 기분이 될 때 엔도르핀과 세로토닌이 분비되어 건강한 몸과 마음을 유지할 수 있다. 요즘 건강을 생각해 만보 어플도 여러 개가 나왔다. 가능하면 하루 만 보 이상을 걸으려 한다. 걷는 시간 동안은 잡념을 걷어내고 생산적인 생각을 채워보자.

좋은 생각을 채우는 습관을 들이면 좋은 글을 표현하는 것도 가능하다. 하루아침에 다이내믹한 변화를 이루기는 어렵겠지만 서서히 변화해서 완전히 다른 사람이 되는 것은 가능하다. 매일 산책을 루틴에 넣어보자. 시간대는 나에게 맞는 때로 정하면 된다. 무엇이든 매일 하면 얻는 유익도 그만큼 커진다. 글이 잘 써지지 않는 날에는 산책을 해보길 추천한다.

11 접속사를 줄이자

되도록 접속사를 생략하는 것이 바람직하다.

- 『무기가 되는 글쓰기』, 배작가 -

 글을 쓸 때 자주 사용하는 것이 접속사다. 그러나, 그런데, 왜냐하면, 그리하여 등 다양한 접속사를 사용한다. 퇴고를 해본 작가라면 모두 공감할 수 있는 내용이다. 초고에 쓴 접속사의 50% 이상은 불필요한 것이다. 문맥의 연결상 없어지는 것이 오히려 효과적이다. 초고 대비 최종 탈고본을 비교하면 접속사가 상당 부분 사라진 걸 확인할 수 있다.

이런 경우는 대부분 좋은 퇴고의 시간을 보낸 것이다. 글을 쓸 때 구태여 접속사를 쓰지 않아도 된다. 독자들이 글의 흐름을 따라 읽어가면서 이미 작가의 의도를 파악하고 있다. 불필요한 접속사의 남발로 인해 집중력만 흐트러트린다. 책을 읽을 때 물 흐르듯이 읽히는 게 제일 좋다. 저자의 말에 귀를 기울이고 경청하는 태도로 책을 읽으면 독자는 즐겁다.

글의 전개를 자연스럽게 하는 것이 접속사 사용을 줄이는 것임을 이해해야 한다. 한 단에 접속사가 4~5개 들어가면 아주 불편한 사용이 된다. 예를 들어보자. 글쓰기를 하면서 접속사 사용을 자주 하면 집중력을 떨어뜨릴 수 있다. 그리고 접속사를 여기저기에 자주 쓰면 글의 흐름을 저해하는 요소가 된다. 그런데도 여전히 접속사를 계속 쓰는 사람이 있다. 왜냐하면 접속사가 있어야 글이 완결성을 갖춘다는 착각을 하기 때문이다.

이 문장에서 접속사만 빼보자. 글쓰기를 하면서 접속사 사용을 자주 하면 집중력을 떨어뜨릴 수 있다. 접속사를 여기저기에 자주 쓰면 글의 흐름을 저해하는 요소가 된다. 접속사가 없는 게 자연스럽다는 사실을 알면서도 접속사를 자주 사용하는 실수를 한다. 글의 완결성이 접속사 사용으로 완성되는 것이 아니라는 것을 이해해야 한다.

보는 사람의 시각에 따라 다를 수 있겠지만 필자는 후자의 글이 더 편하게 느껴진다. 접속사를 모두 빼면 설명문처럼 글을 쓰면 된다. 오히려 독자의 이해를 돕기 쉽다. 또는 그 형태를 유지하면서 앞의 글에서 왜냐하면 정도의 접속사만 사용하는 방법도 있다. 의외로 접속사를 빼고 글을 써도 독자는 모두 이해하는 경우가 많다. 접속사에 대한 애정을 조금 덜어내자. 좋은 글은 과한 욕심을 내려놓는 것에서 출발한다.

12

대상을 특정한 글쓰기가 필요하다

단 한 명에게 진솔한 이야기를 한다고 생각하고 글을 쓰면 큰 공감을 얻을 수 있다.

— 『아웃풋의 법칙』, 김재수(램군) —

램군 저자는 평소에 구독하고 있는 유튜버라 더욱 반가웠다. 모든 영상을 볼 수 없기에 분야별로 극소수의 유튜버만 구독해서 여유 시간이 될 때 조금씩 본다. 저자는 부동산 유튜버다. 처음엔 블로거로 시작했다. 그의 삶은 진솔함 그 자체다. 열정이 느껴지는 글을 쓴다. 늘 읽는 사람에게 도움이 되는 글과 영상을 제작해서 인상적이었다.

그의 책을 읽으면서 깊이 공감할 수 있었던 부분이 "한 사람에게 포커스를 맞춰서 그에게 도움이 되는 진솔한 이야기를 하라."라는 문장이었다. 『벌써 마흔이 된 딸에게』를 쓴 한성희 저자의 글이 마음에 깊이 자리 잡는 걸 느낄 수 있었다. 한 사람을 위해 쓴 글은 매력이 있다.

글에 깊이도 생긴다. 깊이감 있는 글을 읽으면 독자는 공감의 시간을 가질 수 있다. 책을 읽으면서 깊이 공감할 수 있는 것은 저자와 독자 모두에게 큰 축복이다. 꼭 잘 쓰는 작가의 글이어야 공감을 불러올 수 있는 것이 아니다. 나의 글에 공감해 주는 독자는 나의 주변에 있을 수 있다.

내가 사랑하는 사람들을 향한 글을 써보자. 내가 처음 사회생활을 시작했을 때의 막막함을 떠올리면서 그 시간을 어떻게 극복했는지에 대해 나의 친동생에게 조언을 해주는 글을 써보자. 그 글에는 진솔함, 진실함, 사랑의 감정이 담긴다. 매력적인 글이 될 수밖에 없다.

사랑하는 딸에게 내가 결혼할 때 경험했던 어려움을 전하는 글을 적어보자. 결혼 과정에 있었던 에피소드를 적어보자. 양가 부모님을 눈치 봤던 일, 준비 과정에서 예비 신부와 옥신각신 다퉜던 일 등의 에피소드를 적고, 어떻게 해결했는지를 알려주자. 그 속에 느꼈던 교훈까지 더해주면 딸은 결혼을 조금 더 현명하게 준비할 수 있게 된다. 글에 진심을 담아보자. 당신의 마음이 전달되면 독자는 마음의 위로를 얻을 수 있다. 위로받은 독자의 후기를 보는 저자는 글을 쓸 힘을 얻을 수 있다.

13

연결성 있는
글을 쓰자

인과관계가 있는 글을 써야 한다.

– 『마음을 흔드는 글쓰기』, 프리츠 게징 –

   글 쓰는 사람은 자신의 글의 내용 전개에 대한 이해도가 높아야 한다. 어떤 글을 쓰고 있는지 알아야 다음에 작성하는 글도 연계성을 키울 수 있다. 책의 주제와 무관한 글이 나오면 책의 가독성을 떨어뜨리고 가치를 낮춘다. 전후를 연결할 수 있는 목차 구성과 함께 글의 내용도 연결성에 주의를 기울여야 한다.

   모든 사건과 상황에는 원인과 결과가 있다. 글 쓰는 사람에게 기승전결과 육하원칙을 강조하는 이유다. 발단, 전개, 위기, 절정, 결말로 진행되는 구성이 가장 효과적인 이유는 그 내용 전개의 인과성 때문이다. 시작부터 갈등이 나와서도 안 된다. 결말에 문제 제기가 등장해서도 안 된다. 발단에 등장해야 할 것들이 있고 결말에 나와야 할 결론이 있다.

스스로의 글을 점검하면서 '나는 어떻게 글을 쓰고 있지?'라고 나의 글을 들여다보는 시간을 가져보자. 기본에 충실한 글이 가장 매력적이다. 미사여구를 넣어서 화려함을 추구하는 글보다 진중함이 있고 내용에 핵심 메시지가 담기는 글이 더 아름답다.

인테리어 디자인을 하면서도 느낀다. 가장 아름다운 것은 기본에 충실한 마감이 되는 경우가 많다. 도장 마감 작업을 할 때 여러 기초 작업이 들어간다. 목작업을 통해 석고보드 작업을 한다. 이때 원피라고 말하는 한 장을 시공하는 것이 아니라 2장을 시공한다. 페인트의 마감도를 높이기 위해서다.

목공 작업이 마무리되면 퍼티 작업에 들어간다. 목자재 라인과 라인 사이를 부드럽게 만들어 주는 시간이다. 이때 얼마만큼의 정성을 들이느냐에 따라 아름다운 마감이 결정된다. 퍼티 후에는 하도, 중도, 상도의 작업을 통해 여러 번 페인트 작업을 진행한다. 순서대로만 꼼꼼하게 진행하면 마감은 이쁘게 나온다.

여기서 퍼티를 허술하게 하면 아무리 마감 공정에 벤자민 무어(수입 페인트)를 사용해도 이쁜 마감이 나오지 않는다. 글도 마찬가지다. 기초 작업을 잘해야 한다. 기초를 잘 만든 후에 빌드업시켜 가면서 좋은 글을 생산할 수 있다. 속도를 너무 좋아하지 말자. 천천히 느리게 가더라도 제대로 가는 것이 중요하다. 중요한 것은 올바른 방향성이지 속도가 아니다.

14 글을 자연스럽게 쓰자

> 작가가 스토리의 요소와 묘사 형태를 구상하고,
> 글을 쓸 때 놀이하듯 쓴다면
> 그런 자연스러운 쓰기가 가능해진다.
>
> -『마음을 흔드는 글쓰기』, 프리츠 게징-

 글을 쓸 때 놀이하듯 쓴다는 표현이 상당히 인상적이었다. 글을 쓰는 것을 얼마나 즐기고 있으면 놀이라는 표현을 사용했을까? 나도 글쓰기를 좋아하지만 놀이의 경지까지 가지는 못했다. 놀이는 즐거운 시간이다. 애써 에너지를 쓰지 못해도 즐겁게 글을 쓸 수 있는 상태가 아닐까? 깊은 사색을 하지 않아도 술술 풀려나오는 글쓰기의 경지가 아닐까?

 그런 경지로 나아가기 위해 매일 열심히 글을 쓰고 있다. 수년 전과 지금의 나는 글쓰기의 깊이적인 측면에서 많은 성장을 했다. 계속해서 책을 쓰면서 스스로의 부족함을 더 깊이 들여다보게 된다. 부족함을 인정하고 독서를 통해 배움의 시간을 가지는 것에서 기쁨과 희망이 찾아온다.

 글쓰기 선배들의 책을 읽으면서 여러 장점을 배우고 있다. 특히 프리츠 게징이 말한 놀이하듯 글을 쓰라는 말이 깊이감 있게 다가온다. 깊은 메시지를 담고 있으면서도 경쾌한 문체를 구사하는 작가들이 있다. 그들의 것을 모두 나의 것으로 만들 수는 없다. 그렇다고 해서 경쾌함을 구사하는 것이 불가능하지 않다.

 계속해서 글을 쌓아나갈 것이다. 나만의 스타일, 나만의 문체 속에 명쾌하고 유쾌한 글을 심는 연습을 할 것이다. 지금 어렵다고 해서 다음에도 계속 힘든 것은 아닐 수 있다. 도전해야 한다. 글을 쓰는 삶을 이어가야 한다. 그 과정이 지속되면 결과는 자연스럽게 따라온다. 생각보다 많은 사람들이 빠른 성취를 원한다.

 특출난 재능이 있어서 빠른 성취를 이룬다면 좋을 것 같지만 그렇지 않은 경우가 많다. 그 재능 덕에 빠르게 얻은 성취가 자만심을 불러온다. 교만은 패망의 선봉이라고 했다. 자만의 늪에 빠지면 더 이상 노력하지 않는다. 그 성공이라는 왕관의 무게를 견디지 못해 쓰러져 버린다.

  왕관의 무게를 견딜 수 있도록 천천히 나아가는 것도 좋은 방법이다. 놀이하듯 글쓰기를 하게 되는 날을 기대하면서 글을 쓰는 삶을 성실하게 이어나간다.

SUMMARY

글쓰기에서 중요한 것은 기초다. 기본적인 문법, 어순, 어휘 등을 적절하게 사용해야 한다. 기초를 다진 다음에는 목표를 세우는 것이 좋다. 글쓰기로 어떤 목표를 달성할 것인지를 정하는 것이다.

종이책 출간이라는 목표를 세우면 너무 멀게 느껴질 수 있다. 먼저는 100일 챌린지를 해보길 권한다. 1일 1포 챌린지를 통해 매일 글을 쓰는 습관을 들일 수 있다.

챌린지를 완성하고 나면 글쓰기에 업그레이드가 필요하다. 좋은 글을 쓰기 위한 업그레이드 방법으로 접속사의 사용을 줄이는 방법을 사용해 보자. 글이 훨씬 간결해진다.

4장

글쓰기를 잘하기 위한 방법론적 접근

WINNER WRITING

1
단어 반복을 주의하자

글을 쓸 때는 같은 단어의 사용을 주의해야 한다.

-『결국은 문장력이다』, 후지요시 유타카, 오가와 마리코 -

글쓰기를 할 때 주의해야 할 사항 중에 하나가 같은 단어의 반복이다. 작가들은 지루함을 주는 단어 반복을 피하기 위해 동의어를 활용한다. 동의어는 같은 뜻을 담고 있지만 문맥의 연결 구조를 편안하게 해준다. 필자 같은 경우 글을 쓸 때 한국어 사전, 동의어 사전, 영어 사전, 백과사전을 활용한다.

한국어 사전은 정확한 단어의 뜻을 파악하기에 좋다. 동의어 사전은 같은 뜻이지만 다르게 사용되는 단어별 사용처를 선택할 때 용이하다. 예를 들어 동의하다, 공감하다, 수긍하다 등의 말이 있을 때 문맥에 따라 적절히 어울리는 단어를 선택해 쓸 수 있다. 동의하다를 여러 번 사용하면 글이 지루해지지만 어떨 때는 수긍하다와 공감하다를 써서 편하게 읽힐 수 있도록 할 수 있는 것이다.

영어 사전은 단어의 뜻을 다른 각도에서 바라볼 때 도움이 된다. 영어와 한국어의 문장 구성이 다르기에 글의 맛을 살릴 수 있는 장치가 된다. 국어로 표현하면 길게 표현되는 부분이 영어로 하면 한 단어가 되는 경우가 있다. 또는 영어로 표현하면 길게 표현되는 문장을 국어로 쓰면 짧게 표현되는 경우가 있다.

이런 경우에 어떤 표현이 효과적인지를 보면서 글을 풀어나갈 수 있다. 백과사전은 용어의 정의나 역사를 이해하기에 좋다. 철학책을 볼 때도 자주 활용하게 된다. 철학의 역사를 일목요연하게 정리된 부분을 보면 맥락을 짚어내기가 쉽다. 소크라테스 〉 플라톤 〉 아리스토텔레스로 이어지는 계보를 이해하기 쉽게 써놓은 백과사전이 있어서 좋았다.

글을 쓸 때도 마찬가지다. 깊이 있는 글을 쓰고 싶을 때 본문의 내용을 찾을 수 있는 안내자 역할을 한다. 글을 쓰는 방법에 정답은 없지만 독자가 편하게 읽을 수 있도록 하는 게 좋다는 것은 모두 공감하는 부분이다. 여러 가지 사전을 활용해서 단어 반복을 피하고 글을 써 보자. 읽는 사람이 더 친근하게 글을 만날 수 있도록 배려하면 술술 읽히는 글을 쓸 수 있다.

필자는 글을 쓸 때 국어사전, 영어사전, 동의어사전, 백과사전을 함께 검색하면서 글을 쓴다. 영어적 표현과 한글 표현이 다르게 느껴지기에 단어나 문장을 영어로 써보는 것도 도움이 된다.

동의어사전과 백과사전을 사용하면 단어를 더 깊이 있게 사용할 수 있다. 자세하게 풀어 쓴 내용을 이해하고 글을 쓰면 글의 깊이를 한층 더할 수 있다.

2. 육하원칙(5W 1H)을 활용해서 글을 쓰자

> **5W 1H를 활용하자. 능수능란하게 문장을 쓰자.**
> (Who 누구, What 무엇, When 언제, Where 어디, Why 왜, How 어떻게)
> - 『끌리는 문장은 따로 있다』, 멘탈리스트 다이고 -

글을 쓸 때 가장 기초가 되는 것이 육하원칙이다. 글을 쓰면서 기본을 무시하는 분들을 종종 보게 된다. 육하원칙을 활용한 글쓰기는 기본기를 다지는 과정이다. "Back to the basic."이라는 말이 있다. 기본으로 돌아가야 한다는 뜻이다. 기초가 제대로 세워지지 않은 건물은 태풍이 오면 그대로 쓰러져 버린다.

글쓰기도 마찬가지다. 육하원칙이라는 기초 위에 글을 세워야 전달력을 높일 수 있다. 내가 쓴 글을 면밀히 살펴보자. 누가, 언제, 어디서, 무엇을, 어떻게, 왜라는 것들 모두 포함하고 있는지 체크해 보아야 한다. 기본을 충실하게 쌓은 글에 디테일함이 더해지면 글의 밀도가 높아진다. 정성 들여 쓴 글에 감명을 받게 되는데, 글의 깊이를 따라 들어가다 보면 작가의 기본기가 탄탄함을 보게 된다.

육하원칙을 잘 적용한 글쓰기를 하려면 어떻게 해야 할까? 답은 육하원칙에 맞는 글을 매일 써보는 연습을 하는 것이다. 글쓰기 작업을 하는 것에 있어서 연습만큼 좋은 경험이 있을까? 매일 일정 시간을 글을 쓰면서 육하원칙을 넣는 습관을 들여야 한다. 매일 글을 쓰다 보면 글이 삶이 되고 삶이 글이 된다.

필자는 하루 4시간 이상 글을 쓰고 있다. 매일 글쓰기에 쏟는 시간이 늘어나면서 기본기의 중요성을 더 깊이 공감하게 된다. 좋은 글은 독자에게 매력을 주고 행동하게 하는 동기부여를 주는 글이다. 그런 좋은 글을 자세히 살펴보면 육하원칙이 탄탄하게 적용되어 있음을 알 수 있다. 내가 쓴 글을 잘게 쪼개어 확인해 보자. 어떤 구조로 글을 쓰는지 체크해 보아야 한다.

내가 어떤 스타일의 글을 쓰고 있는지를 알아야 부족한 부분을 채워나갈 수 있다. 더 좋은 글을 만드는 작업은 매일 글을 쓰는 경험을 통해 이루어진다. 좋은 글이 아닌 다소 부족한 글을 쓰는 시행착오를 반복하면서 한 문장을 만날 수 있다. 그렇게 탄생한 문장이 스스로를 성장하게 한다.

육하원칙에 관한 말을 하면 '왜 다 아는 걸 수많은 작가들이 반복해서 말하는 거지?'라는 의문이 들 수 있다. 그 이유는 간단하다. 너무 많은 분들이 육하원칙에 맞지 않는 글을 쓰고 있기 때문이다.

글을 쓸 때 신경을 쓰지 않으면 육하원칙 중 한두 가지는 빠지는 경우가 있다. 글이 너무 딱딱해지지 않게 하기 위해 의도적으로 빼는 것이 아니라면 육하원칙이 지켜지는 글이 완성도가 높다.

3

대화를
문장으로 옮겨보자

대화를 '문장화'하기만 해도 설득력이 생겨난다.

– 『끌리는 문장은 따로 있다』, 멘탈리스트 다이고 –

 글을 쓸 때 생동감을 높이는 방법 중 하나가 대화를 문장으로 바꾸는 것이다. 『위너러브』를 보면 우리 부부의 대화가 자주 나온다. 대화를 글로 옮겨놓으면 읽는 사람은 대화를 함께하는 것 같은 생동감을 느낄 수 있다. 『위너러브』를 읽은 독자님이 "부부의 대화를 함께 듣는 것 같아서 좋았다."라는 후기를 남겨주셨다.

 대화를 글로 옮기면 글에 활력을 불어넣을 수 있다. 대화는 늘 현재 시점으로 진행되기에 과거의 대화라도 현재의 시점에서 느낄 수 있다. 지나간 것은 바꿀 수 없지만 현재 일어나는 일은 컨트롤할 수 있다. 저자가 써놓은 대화를 통해 독자는 현재의 삶을 변화시켜 나갈 수 있다.

저자의 생각에 독자의 생각을 덧붙여 개인의 개성이 담긴 것으로 체화시킬 수 있다. 대화체의 글을 보면 '나도 이렇게 한번 해볼까?'라는 공감의 마음을 불러오기 쉽다. 단순히 정의를 서술하는 구조로 글을 쓰면 독자의 공감을 불러일으키기 어려울 때가 있다. 독자 입장에서는 '그건 작가님이시니까 가능하신 거 아닐까요?'라는 의문을 가질 수 있다.

의문이 드는 시점에 대화체를 넣어놓으면 '아, 누구나 할 수 있구나!'로 생각을 옮겨 가게 할 수 있다. 글을 쓰는 것은 작가의 이야기를 독자에게 전하는 것이다. 이야기를 잘 들으려면 말하는 사람의 말이 매력적이어야 한다. 다 알고 있는 내용이나, 지루한 이야기를 듣고 싶어 하는 청자는 없다.

대화체는 글에 매력을 불어넣는다. 우리가 관계를 맺을 때 기분 좋은 기억으로 남아 있는 사람은 대체로 유머러스하고 인상이 좋다. 유머와 좋은 인상이 그 사람의 매력이 된다. 글도 마찬가지다. 내가 쓰는 글에 어떤 매력이 있는지 탐구해 보아야 한다. 스스로의 매력을 찾아가기 위해 매일 일정한 시간 동안 글을 쓰는 노력이 필요하다.

　처음 대화체를 사용하면 생경한 느낌이 들 수 있다. 얼굴이 화끈거리는 부끄러움이 찾아오기도 한다. 이런 자기검열을 이겨내야 한다. 대화체는 생동감이 있다. 마치 물고기가 펄떡이는 듯한 생동감을 느낄 수 있다.

　보다 실감 나는 글을 적고 싶다면 대화체를 활용해 보자. 글 속으로 몰입하는 효과를 낼 수 있다. 무엇이든지 연습이 가장 도움이 된다. 대화체로 글을 쓰는 시도의 빈도를 늘리는 걸 통해 생동감 있는 글쓰기를 쌓아갈 수 있다.

4 머릿속의 글감을 활용하자

글을 쓰기 위해 필요한 모든 단어가 당신의 뇌 속에 있다.

– 『끌리는 문장은 따로 있다』, 멘탈리스트 다이고 –

글을 쓰다 보면 글감에 대한 고갈을 호소하는 경우가 많다. 글감이 없어진 것이 아니라 뇌 속에 저장되어 있는 단어를 끌어내지 못해서 글감 부족을 느끼는 것이다. 뇌 속에 다양한 단어들이 들어 있다. 일상생활 속에서 뇌리를 스쳐 지나가는 단어들을 잘 붙잡아야 하는 이유다. 순간적으로 생각하면 잘 떠오르지 않는 경우들이 많다.

영감은 주로 예기치 못한 곳에서 떠오른다. 고객과의 미팅을 위해 이동하는 차 안, 잠시 산책을 하기 위해 걷는 시간, 샤워를 하는 동안 등의 예기치 못한 경우에 영감이 떠오른다. 이럴 때는 재빨리 그 생각을 메모하는 것이 중요하다. 샤워하다가 영감이 떠올랐을 때는 물기를 잠시 닦아내고 키워드 몇 개만 메모를 하는 경우가 있다.

사람의 기억력이 짧아서 순간의 영감은 샤워를 마칠 때가 되면 잊히는 경우가 많다. 찰나의 순간을 잡아야 한다. 좋은 글을 일필휘지로 쓰는 작가들이 많지만 자세히 보면 매사에 글감을 잡기 위한 노력을 한다. 대부분의 작가들이 메모하는 습관이 있다. 순간의 좋은 기억을 붙잡아야 좋은 글을 쓸 수 있음을 경험을 통해 알고 있다.

다작을 통해 영감을 연결시키기도 한다. 매일 일정한 시간 이상 글을 쓰면 이전에 쓴 글과 현재 시점의 글이 만나는 경우가 있다. 예를 들어 글쓰기에 대한 글을 쓰면 앞에 쓴 글과 연결해 글의 구조에 짜임새가 더 튼튼해지기도 한다. 사람의 뇌는 무한한 가능성을 지니고 있다고 한다. 뇌를 잘 활용해서 글쓰기를 하면 좋은 글을 다량으로 쓸 수 있다.

여러 가지를 시도해 보았지만 글감이 잘 떠오르지 않는다면 당신에게 필요한 것은 독서다. 뇌에 생각을 달라고 요청해도 반응이 없다면 인풋을 추가해 줘야 할 타이밍이다. 글감이 없다면 뇌에서 좋은 키워드를 찾아보자. 좋은 단어가 찾아지지 않을 때는 독서를 하면서 영감을 얻으면 된다.

글감 고갈은 피곤한 상태에서도 자주 일어난다. 주로 뇌에 과부하가 걸리면 이런 현상을 경험할 수 있다. 아침에 글을 쓰는 것을 권장하는 이유는 피로도가 가장 낮은 상태이기 때문이다.

저녁에 퇴근 후에 글을 쓰려고 하면 피로도 때문에 좋은 생각을 창의적인 단어를 사용해 글을 쓰기가 어렵다. 물론, 저녁 시간에 영감이 떠오르는 분들은 예외로 할 수 있다.

필자의 경우엔 낮에는 일을 하기에 저녁에 글을 쓰는 것보다 아침에 글을 쓰는 것이 효율성이 더 높았다. 이건 사람마다 다를 수 있다. 어느 시점이든 피로도가 높은 상태에서는 글을 쓰기 어렵다는 사실은 공감할 수 있을 것이다.

글감 고갈을 자주 만나지 않도록 최상의 컨디션을 유지하기 위한 노력이 필요하다. 글쓰기를 권장하는 이유는 기분을 좋은 상태로 유지하려고 노력하기 때문이다. 이 노력으로 인해 긍정적인 생각을 하게 되고 글을 쓰는 삶을 이어갈 수 있다.

5 좋은 글을 쓰기 위해 충분한 휴식을 취하자

최선을 다해 작업하기 위해 휴식이 필요하다.

− 『글쓰기의 발견』, 어니스트 헤밍웨이 −

해마다 정기적인 휴가를 보내고 있다. 주로 여름이나 늦여름에 간다. 글을 쓰면서 더 휴가의 중요성을 느낀다. 휴가를 가면 모든 일상을 내려놓을 수 있다. 잠시 현실을 떠나 새로운 생각과 경험에만 몰두할 수 있는 시간이다. 휴가 시간에 집필할 책에 대한 영감을 얻게 된다. 새로운 환경에 노출되면 참신한 생각을 만날 수 있다.

휴가는 가고 싶다고 바로 갈 수 있는 게 아니기에 평소에는 휴식을 활용해야 한다. 글을 쓰다 보면 글쓰기의 속도가 느려질 때가 있다. 또는 글이 막힐 때가 있다. 이럴 때는 휴식을 취해야 한다. 잠시 커피를 마시거나 산책을 하는 것도 좋다. 뇌에서 좋은 생각이 나올 수 있도록 여백을 열어주어야 한다.

글이 써지지 않는데 무작정 글을 쓰려고 자리에 앉아 있는 것은 현명한 방법이 아니다. 컨디션이 좋지 않을 때는 회복이 먼저다. 건강해야 글이 잘 써지는 것처럼 글을 잘 쓰려면 최고의 컨디션을 유지해야 한다. "매일 글을 잘 쓸 수 있는 시간대를 찾아라."라는 조언을 자주 듣는다.

작가들이 같은 조언을 하는 이유는 자신에게 맞는 시간대에 글을 써야 좋은 글이 생산되는 것을 경험했기 때문이다. 바이오리듬은 아래에서 위로 위에서 아래로 그래프를 그리며 요동친다. 나에게 맞는 최적의 바이오리듬을 찾아야 한다. 최적의 상태에서 쓴 글의 밀도가 높은 건 당연한 결과다.

아침에 글을 쓰는 게 맞는 사람이 있고, 저녁에 글을 쓰는 게 맞는 사람이 있다. 정답이 없으니 나에게 맞는 스타일을 찾으면 된다. 중요한 것은 글쓴이가 좋은 글을 쓰려는 마음을 글로 옮기는 행동으로 계속 이어가는 것이다. 좋은 활동을 계속하기 위해 컨디션을 좋게 유지하고 휴식을 병행해야 한다.

기분이 나쁠 때는 글을 쓰지 않아야 한다. 나만 보고 기분이 좋아지는 일기를 쓰는 것이라면 감정을 솔직하게 표현해야 하니 괜찮다. 누군가에게 보여지는 글이라면 기분을 잘 관리해야 할 필요성이 있다. 나의 글을 읽는 독자에게 이성과 감정적으로 영향을 끼칠 수 있기 때문이다.

좋은 글은 그냥 나오지 않는다. 좋은 생각을 하려는 노력의 시간을 쌓아야 한다. 좋은 생각은 컨디션의 영향을 받는다. 휴식을 통해 최상의 컨디션을 유지해야 더 좋은 글을 쓸 수 있다.

6

글을 쓰는 사람에겐 여행이 필요하다

여행은 삶을 새로운 감각으로 느끼게 하는 최고의 기회다.

– 『나를 위로하는 글쓰기』, 셰퍼드 코미나스 –

글이 잘 써지지 않거나 새로운 책을 집필해야 할 때는 여행을 떠난다. 새로운 환경에 스스로를 노출시키면 잠들어 있던 잠재의식을 깨울 수 있다. 새롭게 만난 나는 반가운 존재다. 창의적인 영감을 통해 좋은 글을 쓸 수 있고 한 권의 책을 완성할 수 있다. 마음을 힘들게 하는 조바심을 내려놓아야 한다. 조급한 마음이 늘 글 쓰는 시간을 방해한다.

마음을 내려놓고 집중해서 글을 써야 한다. 집중의 시간을 이어가다 보면 몰입을 경험할 수 있다. 매일 새벽에 일어나 글을 쓰는 이유도 몰입된 상태에서 글을 쓰기 위함이다. 몰입을 경험하려면 우선 내면이 건강해야 한다. 건강한 내적 상태를 오랫동안 유지하기 위해 여행을 떠나는 것이다.

여행을 통해 휴식을 취하면 바이오리듬을 나에게 최적화된 상태로 유지할 수 있다. 바이오리듬은 늘 한결같지 않다. 오르락내리락을 반복한다. 글을 쓰려면 한결같은 평정심을 가져야 하는데, 이게 쉽지 않다. 그래서 여행을 통해 바이오리듬의 안정감을 찾는 영점 조준의 시간을 가져야 한다.

사람은 누구나 자신에게 맞는 회복탄력성을 갖고 있다. 글을 쓰는 사람에게는 글을 잘 쓸 수 있는 상태로 회복하려는 성향이 있다. 컨디션이 좋지 않을 때는 회복탄력성의 강도가 약해진다. 언제 필요할지 모르는 회복을 실시간으로 잘 사용하려면 여행을 통해 에너지 충전의 시간을 가져야 한다. 내면을 늘 건강한 상태로 유지할 수 있도록 세팅하는 것이다.

대작가들은 글을 쓰는 시간을 동일하게 유지한다. 그들의 마음은 부쇠라서 늘 한결같이 글을 쓰는 것이 아니다. 평소에 미리 마음이 지치지 않도록 준비를 해서 텐션을 유지한다. 작가에게 여행은 필수다.

글이 잘 써지지 않는다면 여행을 다녀오자. 여의치 않다면 산책, 등산 등도 괜찮다. 걸으면서 얻는 사색의 시간을 통해 영감이 찾아온다.

필자는 초고를 완성할 때나 퇴고의 시간에 집을 떠나 다른 장소에서 작업을 진행하곤 한다. 새로운 장소에서만 경험할 수 있는 영감이 있다. 오롯이 집중하는 시간 동안 글을 쓸 수 있어서 좋다. 여행은 몰입의 시간을 선물해 준다.

7

글을
삶 속으로 가져오자

나의 삶은 글쓰기가 되고 나의 글은 영혼이 됩니다.

- 『글쓰기의 발견』, 어니스트 헤밍웨이 -

헤밍웨이의 한 문장이 참 좋다. 삶을 쓰기로 채우고 채워진 글이 영혼이 된다는 말이 참 아름답다. 글쓰기를 통해 삶을 아름답게 빚어나갈 수 있다. 매일 글을 쓰면서 영혼이 정화되는 것을 느낀다. 좋은 글에 대한 열망이 좋은 생각을 하게 하고 그 시간들이 쌓여 한 권의 책이 된다.

『위너노트』, 『위너러브』, 『위너모닝』이 해외 에이전시 팀으로부터 관심을 받고 있다. 해외 진출을 모색한다고 한다. 성사 여부를 떠나 감개무량하고 감사한 일이다. 글을 쓰는 삶에 집중하고 있다. 이번 관심으로 해외 진출이 성사되면 나의 꿈 중 하나가 실현되는 것이다. 설사 그러지 못한다 하더라도 괜찮다.

가능성을 볼 수 있는 기회로 삼고 더 나의 글쓰기에 집중해 나가는 계기로 삼으면 된다. 글을 쓰는 것이 나의 삶이 된 이후로 나의 인생은 변화하고 있다. 최근에 계약한 고객님께 2024년에 집필한 3권의 책을 사인해서 드렸다. 책에 담은 내용이 다르기에 사인의 내용도 달랐다.

드릴 때 뭉클함이 있었다. 책을 받은 고객님도 너무 좋아하셔서 행복했다. 그리고 문자를 받았다. "좋은 책을 선물해 주셔서 감사합니다. 빨리 읽고 싶네요. 설렘 가득합니다."라는 내용이었다.

내가 쓴 글로, 내가 쓴 책으로 누군가의 마음에 설렘을 줄 수 있다는 사실이 감사하다. 좋은 글을 쓰기 위해 매일 독서를 하고 글쓰기로 기록을 남기는 여정에 계속해서 힘을 쏟을 것이다. 읽기와 쓰기에는 매력이 있고 보물이 있다. 매력을 느끼고 보물을 만들어 가는 시간을 이 글을 읽고 있는 여러분도 함께했으면 좋겠다.

세상을 아름답게 하는 작가가 많아져야 한다. 당신이 따뜻한 마음을 품고 있는 사람이라면 글을 쓰기를 권한다. 당신의 글이 세상을 아름답게 밝히는 촛불이 될 것이다.

가장 하지 말아야 할 생각이 스스로의 글의 수준을 스스로 정하는 것이다. 초보는 초보의 글이 필요하고, 중수는 중수의 글이 필요하다. 고수는 고수의 글이 필요하다. 달인은 달인의 글이 필요하며 전설은 전설의 글이 필요하다.

각자의 수준에 맞는 글이 있는 것이다. 달인의 글은 초보에게 너무 어렵게 다가올 수 있다.

개인의 매력이 담긴 글이라면 어떤 글이든지 충분한 가치가 있음을 잊지 말자. 작가들이 일기부터 쓰라고 권한다. 일기를 쓰면서 스스로의 글을 만날 수 있고 글력을 키울 수 있기 때문이다.

시작하고 계속하다 보면 성장하는 순간을 경험할 수 있다. 자기검열을 내려놓고 글을 쓰는 삶을 살아가자. 그 삶이 주는 따뜻함은 경험해 본 사람만이 알 수 있는 행복이다.

8 전날 있었던 에피소드를 기록하자

잠들기 전에 그날 있었던 일을 적어두자.

– 『나를 위로하는 글쓰기』, 셰퍼드 코미나스 –

하루 중 있었던 에피소드를 기록하는 습관을 들이면 좋다. 글감에 대한 고민은 글 쓰는 사람에게 늘 따라다니는 숙제다. 매일 주어지는 숙제를 잘 풀어나가려면 현명한 풀이 방법을 갖고 있어야 한다. 가장 좋은 방법이 일상에서 글감을 찾는 것이다. 삶이 글이 되고 글이 삶이 되면 글감에 대한 고민을 해결할 수 있다.

매일 밤 자기 전에 다음 날에 쓸 글감을 미리 준비한다. 덕분에 다음날에는 맑은 정신으로 글을 쓸 수 있다. 준비된 글은 빠른 속도로 치고 나갈 수 있다. 준비가 되지 않으면 한 편의 글을 쓰는 데도 상당한 시간이 소요된다. 글을 쓰다가 계속 막히는 구간을 만나게 되기 때문이다.

다음 날에 쓸 글을 미리 준비하면서 하루 중 있었던 가장 즐거운 기억을 소재로 삼으면 좋다. 그 내용이 일상적인 것이라 하더라도 괜찮다. 디테일하게 쓰면서 자신의 생각을 덧붙이면 글이 깊어진다. 예를 들어 "점심을 김치찌개를 먹었다."라고 쓰면 무미건조한 글이 된다.

점심으로 김치찌개를 먹었다. 아내와 함께 종종 가는 곳인데 맛집으로 유명하다. 김치찌개 집을 운영하는 할머니는 김치를 일정 시간 숙성시킨 것만 사용하신다고 한다. 김치에 들어가는 돼지고기도 특별히 엄선한 것을 사용한다고 한다. 덕분에 할머니의 김치찌개 집은 50년 이상을 성업 중이다. 김치찌개 맛집으로 인증된 곳이라 더 신뢰가 간다.

20여 년 전 이곳에서 식사했던 추억이 새록새록하다. 낡은 테이블, 오래된 느낌이 물씬 풍기는 의자가 오히려 정겹다. 때로는 깔끔한 인테리어에 요즘 트렌드를 반영한 음식점보다 아늑함이 있는 이곳이 좋다. 할머니의 정이 가득 담긴 서비스로 계란말이가 나왔다. 잘 먹는 걸 지켜보시더니 한 접시 더 주시면서 한마디 하신다.

"잘 먹으니 좋네요. 많이 드세요."라고 말씀하시면서 미소 지으신다. 점심 한 끼 먹으러 왔다가 행복도 함께 가져갈 수 있어서 좋다. 할머니가 건강하게 오랫동안 김치찌개 가게를 운영하셨으면 좋겠다. 예로 든 전자의 '김치찌개를 먹었다.'와 후자의 사실+생각+느낀 점이 들어간 글은 완전히 내용이 달라진다. 일상도 디테일하게 표현하면 충분히 매력적인 글이 될 수 있다.

9

좋아하는 작가의 책을 다독해 보자

자신이 좋아하는 작가에 주목하라.

− 하버드 글쓰기 강의, 바버라 베이그 −

100여 권 이상의 책을 쓰신 전설의 반열에 들어간 작가분들이 여러 분 계신다. 필자는 그분들의 책을 여러 권 읽어보곤 한다. 한 작가의 책을 다독하면 필체와 문장을 배울 수 있다. 이 작업을 몇 번 하면 여러 명의 대작가들과 대화를 나눈 것 같은 기분이 든다. 보통 100여 권의 책을 쓴 작가분들을 기준으로 10여 권 정도의 책을 읽어본다.

각 작가들만의 개성과 특성이 다르기에 각기 다른 문체를 익힐 수 있다. 다독을 통해 '나에게 맞는 글쓰기는 어떤 방향성을 가져야 할까?'라는 의문에 대한 답을 찾을 수 있다. 글쓰기를 하는 사람은 책을 읽을 때 전지적 작가의 시점에서 독서를 해보는 것도 도움이 된다. 3인칭의 독자 시점이 아니라 작가의 시점으로 책을 읽으면 저자의 의도를 파악하기 쉽다.

나아가 내가 글을 쓴다면 어떻게 풀어나갈지에 대해 생각하게 된다. 이런 과정을 거쳐 더 좋은 글을 쓸 수 있다. 한 권의 책을 쓰려면 작가의 오랜 정성이 담긴다. 독서의 매력을 한 가지 꼽는다면 저자의 마음이 담긴 책을 읽으면서 글쓴이의 생각을 알아갈 수 있는 것을 말하고 싶다. 오랜 독서와 글쓰기의 시간을 쌓아 내공이 가득 담긴 글은 매력적이다.

물론 교훈과 인사이트도 가득 담겨 있다. 좋은 글, 좋은 문장을 쓰고 싶다면 먼저 읽고 배우는 시간을 보내야 한다. 글을 잘 쓴 사람의 책을 통해 시간의 밀도를 높일 수 있다. 고전을 탐독하고 필사를 권하는 이유도 여기에 있다. 고전은 오랜 시간 독자들의 독서평을 통해 좋다고 판단되는 책들이 살아남은 것이기 때문이다.

『국부론』, 『도덕경』, 『고백록』, 『명상록』 등 고전에 담긴 지혜는 감탄사를 자아내게 한다. 다작을 했거나 전 세계적인 대히트를 이뤄낸 베스트셀러 작가들의 글을 주목해서 읽으면 도움이 된다. 배움과 글쓰기가 연결될 때 글이 더 깊어질 수 있다. 때론 글이 막힐 때가 있다. 그럴 때는 좋아하는 문장을 필사해 보는 것도 좋은 방법이다.

필자는 한근태 작가를 좋아한다. 책의 진정성 있는 구성이 좋아서 한 권을 읽다가 여러 권의 책을 다독하게 되었다. 『고수의 질문법』, 『고수의 학습법』, 『일생에 한번은 고수를 만나라』, 『공부란 무엇인가』, 『후회 버리는 습관』, 『고수의 몸 이야기』, 『고수의 일침』 등의 책을 읽었다.

좋아하는 작가의 책을 다독하면 고수의 생각에 접근할 수 있는 장점이 있다. 또한, 문체를 보면서 생산적인 독서를 병행할 수 있다. '대가는 글을 이런 구성으로 작성하는구나!'라는 감탄사를 연발하면서 책을 읽을 수 있다.

10 책을 쓴다고 생각하고 글을 쓰자

평소에 글을 쓸 때 책을 쓴다고 생각하고 글을 쓰면 글의 퀄리티를 높일 수 있다. 독자가 있다고 생각하고 쓰는 글은 무게감이 생긴다. 생각을 펼쳐나갈 때 읽는 사람을 배려하게 된다. 덕분에 글의 일관성을 확보할 수 있다.

먼저 읽는 사람을 고려해 글쓰기의 주제를 정하고 글을 쓴다. 내용을 전개할 때도 읽는 사람에게 필요한 것을 쓰려고 노력하게 된다. 필자는 글을 쓸 때 '책에 실려도 좋을 내용인가?'라는 생각을 하고 글을 쓴다.

모두 작성한 후 글을 마무리하기 전에 다시 한번 읽어본다. '이 글이 읽는 사람에게 도움을 주고 있나?'라는 질문을 하고 예스라는 답이 나올 때 글을 마무리한다. 별것 아닌 것 같은 과정이지만 그냥 쓰는 글쓰기와 큰 차이를 만든다.

일기처럼 쓰는 글은 대상이 온전히 나다. 포커싱이 나를 향할 수밖에 없다. 책을 쓴다고 생각하면 글의 대상이 확정된다. 읽는 사람에게 집중하게 된다. 독자가 필요한 내용을 쓰기 위해 생각을 모을 수 있다.

가령 글쓰기에 대한 글을 쓸 때도 나 혼자 본다면 전후 문맥을 자세히 기술하지 않는다. 독자가 읽는다고 생각하면 시계열 순으로 해서 기승전결을 확실히 넣어준다. 육하원칙에 맞게 글을 쓰면서 완성도를 높인다.

독자를 향한 글은 진정성이 담긴다. 가볍지 않다. 이런 매력이 읽는 사람의 감성을 불러온다. 공감받는 글에는 매력이 스며들어 있다. 그런 글을 쓰기 쉽지 않지만 대상을 특정하고 책을 쓴다고 생각한 후 글을 쓰면 나다운 글을 쓸 수 있다.

일기는 1인칭이다. 나를 향한 글이다. 반면 책을 쓰면 3인칭이 된다. 내가 아니라 대상이 있는 것이다. 시작은 1인칭의 글쓰기이지만 책을 쓸 때는 3인칭으로 범위가 넓어진다.

책은 비용을 주고 구매하는, 가치가 움직이는 매체다. 책을 쓰는 사람은 그만큼의 무게감과 책임감을 가져야 한다. 스스로가 쓴 글에 부끄러움이 없도록 최선을 다해 글을 쓸 필요가 있는 것이다.

책을 쓴다고 생각하면 글에 진중함을 더할 수 있다. 마음을 다한 글이 더 매력적일 수밖에 없다.

11. 한 문장으로 요약할 수 있는 글을 쓰자

글을 읽고 핵심 한 문장이 정리될 수 있어야 한다.

-『무기가 되는 글쓰기』, 배작가 -

글을 쓸 때 내용을 한 문장으로 요약할 수 있게 작성해야 한다. 퇴고를 하기 전 지인에게 검수를 부탁했는데 내가 의도하던 것과 다른 문장이 나오면 내 글을 수정해야 한다. 글에는 글쓴이의 생각이 담긴다. 글을 읽는 사람은 작가의 생각을 만나 대화를 나눈다.『위너노트』의 후기를 보면서 책을 쓴 의도를 독자님들이 알아봐 주시는 걸 알 수 있었다.

『위너노트』의 글쓰기에 대한 내용이 쉽게 독자님들께 전달되기를 바라는 마음으로 책을 작성했다. 후기에 쉽게 쓰려고 한 노력이 보인다는 글을 보면서 놀라웠다. 글을 쓸 용기를 가지길 바라는 마음으로 책을 집필했다. 그 부분도 독자님들이 후기로 남겨주셨다. 글을 쓰면서 중요한 것은 독자를 향한 글쓴이의 시선이다.

독자를 배려해 글을 쓰면 글의 내용에 중심이 담긴다. 핵심이 담긴 글을 읽은 사람은 저자의 의도를 한 문장으로 요약할 수 있다. 저자의 생각을 읽고 독자의 생각을 덧붙여 지혜로 만들면 가장 베스트다. 생각을 해보고 시작부터 끝까지 머릿속에서 한 바퀴를 돌려보고 글을 쓰면 간결한 글을 쓸 수 있다.

어떻게 하면 한 문장으로 독자에게 전달할 수 있을지에 대한 글을 생각한다. 시작과 중간, 끝부분에 대한 글을 쓴다. 그 글을 미리 키워드로 준비한다. 준비한 키워드를 먼저 글쓰기 전에 먼저 적는다. 키워드를 활용해 글을 쓴다. 한 편의 글을 시작하고 마무리한다. 한 편의 글이 완성되고 나면 독자의 시선으로 글을 읽어본다. 읽고 나서 내가 전달하고자 한 의도가 한 문장으로 정리되는지 점검한다.

이 과정을 거쳐 글을 쓰면 의도를 명확하게 독자에게 전달할 수 있다. 글을 쓰고 점검하는 과정은 필수다. 글을 의무적으로 쓰고 검토하지 않고 발행하면 글의 퀄리티가 떨어진다. 귀찮더라도 꼭 해야 하는 것이 글을 작성한 후 검토하는 작업이다. 나의 글이 읽는 사람의 마음에 가닿기를 바라는 마음이 있다면 퇴고에 힘을 쏟아야 한다. 퇴고에 힘을 쏟은 글이 한 문장으로 독자에게 전달된다.

12 글쓰기와 사랑에 빠지자

> **작가는 글쓰기와 연애하고 결혼해야 한다.**
>
> – 『마음을 흔드는 글쓰기』, 프리츠게징 –

작가는 글쓰기를 사랑하는 사람이 되어야 한다. 매일 글을 쓰는 시간을 세팅해야 한다. 매일 일정 시간 글을 쓰면서 글과 사랑에 빠져야 한다. 매일 4시간 이상 글을 쓰고 있다. 블로그와 각종 SNS에 올리는 글 이외에 포스타입에 집필 등을 하면서 글 쓰는 시간을 채우고 있다.

글을 쓰는 사람은 글쓰기와 사랑에 빠져야 하고 연애하고 결혼해야 한다는 프리츠 게징의 조언이 와닿는다. 글 쓰는 사람은 글 쓰는 시간을 소중히 여기게 되고 사랑하게 된다. 내가 쓴 글로 누군가의 삶이 바뀌는 것을 눈으로 보고 경험하게 되는 것만큼 큰 축복이 있을까?

글 쓰는 사람은 글로 세상과 조우하는 사람이다. 글과 세상과 만나기 전에 먼저 나와 만난다. 그 시간을 소중히 여기자. 매일 글을 쓰는 시간을 쌓아가다 보면 글 쓰는 시간과 사랑에 빠지게 된다. 당신의 글쓰기는 어느 지점에 있나? 꼭 글과 사랑에 빠지지 않더라도 호감을 가진 정도도 괜찮다. 매일 조금씩 글을 써보자.

자주 강조하지만 처음에는 일기가 좋다. 하루의 일상 속에 보석처럼 빛나는 순간을 붙잡아 보자. 별것 아니었던 일상에 보석 같은 순간이 있다는 사실을 알게 되면 글쓰기가 더 즐거워진다. 호감을 가지고 〉좋아하고 〉사랑에 빠진다. 이런 과정으로 연애를 하고 결혼을 하게 된다. 글쓰기도 마찬가지다. 첫 시작은 호감으로 시작해서 결국엔 사랑으로 넘어간다.

이 글을 읽는 당신이 글쓰기와 사랑에 빠졌으면 좋겠다. 사랑에 빠지면 비로소 보이는 것들이 있다. 글쓰기에 사랑에 빠져버렸다. 한번 빠지면 헤어 나오기가 어렵다. 그래도 너무 좋다. 글을 쓰고 누군가의 삶에 긍정적인 영향을 줄 수 있음이 너무 행복하고 감사하다. 당신의 삶에도 글쓰기로 인해 행복한 순가들이 찾아왔으면 좋겠다. 나와 당신의 글쓰기를 응원한다.

13 자유롭게 글을 쓰자

글을 자유롭게 쓰면 글이 향상된다.

– 『힘 있는 글쓰기』, 피터 엘보 –

글쓰기를 하면서 가장 경계해야 할 것이 바로 자신이다. '이렇게밖에 못 쓰는 거야?', '이게 최선이야?', '이렇게 써서 책을 출간할 수 있겠어?' 등의 내면의 소리를 뮤트시켜야 한다. 누구나 처음에는 글을 잘 쓰기 어렵다. 자기검열을 내려놓고 자유로운 글쓰기를 향해 나아가야 한다. 글은 많이 써야 실력이 는다. 자기검열을 떨쳐내야 글을 쓸 수 있다.

내부의 적인 나의 목소리를 이긴 후에는 자유롭게 글을 쓰는 시간을 늘려가야 한다. 필자가 매일 치열하게 다작을 하는 이유도 자유로운 글쓰기를 향해 나아가기 위해서다. 글을 쓰면 쓸수록 날개를 달고 움직일 수 있는 범위를 키울 수 있다. 자유롭게 글을 쓰면 글을 읽는 사람이 편안함을 느낄 수 있다.

마치 이쁜 나비 한 마리가 날갯짓을 하는 것 같은 생동감을 글을 통해 느낄 수 있다. 스스로 너무 많은 제약을 걸면 글을 쓰기 어렵다. 『힘 있는 글쓰기』에서는 문법에서 벗어난 글을 쓸 수 있을 만큼 자율성을 키워서 글을 써보라고 권한다. 초고는 그렇게 질주하듯이 글을 써도 괜찮다.

글을 다 쓴 후 수정하는 시간인 퇴고를 더 꼼꼼하게 하면 된다. 독자에게 문법에 맞지 않는 글을 읽게 하면 글의 진정성이 위협받을 수 있다. 초고를 문법에 맞지 않게 쓰고, 퇴고를 문법에 맞게 고치면 된다. 독자는 마지막에 수정된 글을 보기 때문이다. 책을 쓰는 사람들이 초고를 빠르게 완성하지 못하는 이유는 '완벽증'에 빠져 있기 때문이다.

『힘 있는 글쓰기』에서 뼈를 때리는 조언을 한다. 어차피 초고는 완벽할 수 없다. "퇴고를 통해 완결성을 갖춰가는 과정을 거쳐야 한다."라고 권한다. 초고에 너무 많은 에너지를 쏟아내는 실수를 범하지 말자. 초고를 쓰는 것보다 더 많은 힘을 기울여야 하는 것이 퇴고다.

14

친구에게 말하듯이
글을 쓰자

> 억지로라도 친구에게 말하듯이 글을 써라.
>
> – 『힘 있는 글쓰기』, 피터 엘보 –

친구나 엄마, 남편(아내), 남자 친구(여자 친구) 등에게 말하듯이 글을 쓰면 말하고자 하는 바를 명확하게 전달할 수 있다. 한 사람을 대상으로 글을 쓰면 몰입감을 높일 수 있다. 한 번쯤은 경험해 보았을 일이다. 바로 편지를 통해서 알 수 있다. 편지지에 'TO.'라고 적으면서 대상을 특정해 글을 쓴다. 한 사람을 향해 쓴 글은 몰입감이 높다.

책을 쓸 때도 마찬가지다. 2024년 5월에 쓴 『위너노트』는 필자의 딸에게 쓴 책이었다. 딸이 책을 출간하기를 바라는 마음으로 글쓰기에 대해 A부터 Z까지를 담은 책이다. 그 결실이 이루어져 감사하다. 초등학교 6학년인 딸이 책을 쓰겠다고 선언했다. 딸의 계획대로라면 2025년 연말쯤이 되지 않을까 싶다.

아빠와의 대화를 이야기하면서 아빠와 자녀들의 관계에 어려움을 겪는 사람들을 돕는 책을 내겠다고 한다. 감개무량한 일이다. 한 사람을 향한 글쓰기가 얼마나 큰 위력이 있는지 실감하는 요즘이다. 초등학생인 딸이 충분히 이해할 수 있도록 책을 쓰기 위해 많은 노력을 기울였다.

딸이 책을 쓰려고 하면서 『위너노트』를 다시 읽으며 하는 말이 참 감사했다. "아빠, 『위너노트』 보면서 책을 쓰면 쉽게 쓸 수 있겠어! 굿 아이야!"라고 하는데 마음에 감동이 있었다. 글쓰기가 어렵다면 앞으로 대상을 정한 글쓰기를 해보길 권한다. 한 사람을 특정하자. 나이, 성별, 성격 등을 감안해서 글을 쓰려면 어렵다. 이걸 한 번에 해결할 수 있는 것이 대상을 특정하는 것이다. 대상을 정함으로 인해 그 사람의 나이, 성별, 성격이 모두 나온다. 그 사람에 맞게 포커스를 맞춰서 글을 써나가면 글의 밀도를 높일 수 있다.

SUMMARY

글쓰기를 연습하면서 신경 쓰면 좋은 것이 육하원칙에 맞는 글쓰기다. 아울러 병행해야 할 것이 기승전결의 구성이다. '기초적인 걸 왜 강조하지?'라고 생각하는 독자님들이 있을 것이다.

스스로 쓴 글을 들여다보자. 생각보다 육하원칙에 맞지 않는 글이 많음을 발견할 수 있다. 매일 글쓰기를 하면서 꼭 병행해야 하는 것이 휴식과 여행이다. 글을 쓰는 삶만큼 에너지를 회복하는 시간을 가지는 것도 중요하다.

5장

글쓰기는 꾸준함이다

WINNER
WRITING

1 연습에 답이 있다

 동양인 최초로 러시아 황실 발레단에 입단해 주인공을 꿰찬 김기민 씨가 「유퀴즈 온 더 블록」에 출연했다. 그의 말 중에 가장 인상 깊었던 것은 연습을 많이 했다는 말이었다. 그의 단순해 보이는 말에 핵심이 담겨 있다. 매일 아침 일찍부터 발레 연습을 시작해서 밤까지 연습을 계속했다고 한다.

 발레는 피지컬이 정말 중요하다. 그는 피지컬도 부족한 신체를 가졌다. 스탠드 자세를 취했을 때 다리가 붙어야 하는데 그렇지 못했다. 쉽게 말하면 평발과 같은 신체적 단점을 갖고 있었던 것이다. 그의 결함은 연습 앞에 무력했다. 하늘을 나는 것 같은 연기는 늘 찬사를 받고 있다고 한다.

그의 연습을 글쓰기와 연결시켜 본다. 글쓰기에도 오랫동안 글을 쓰는 연습의 시간이 필요하다. 좋은 글이 나오기 위해 쓰고 또 쓰는 것이다. 매일 할 수 있는 최대치의 글을 쓰면서 스스로의 성장을 경험할 수 있다. 좋은 주제에 대한 고민을 하면서 생활하면 글감을 곳곳에서 만날 수 있다. 「유퀴즈 온 더 블록」을 볼 때도 마찬가지다. 소비자의 시각으로 영상을 시청하면 아무런 글감을 얻어낼 수 없다. 생산자적 마인드로 영상을 보면 비로소 보이는 것들이 있다.

생산자적 시각을 삶 곳곳에 옮겨 와보자. 매일 같은 일상을 살아가는 것 같지만 자세히 보면 우리 삶은 모두 다른 모습을 취한다. 매일 성실하게 쌓아가는 시간을 통해 성장을 경험한다. 김기민 씨처럼 꿈을 향해 매일 연습의 시간을 쌓으면 정점에 설 수 있는 날이 온다. 현재가 아니라 미래의 모습을 바라보며 살아가자. 미래에 결과물을 내고 성실한 자세를 취하고 살아가는 나를 그리면서 오늘을 성실하게 살아가면 분명 원하는 모습을 만날 수 있다.

필자는 '알파의 위너노트'라는 블로그를 운영하고 있다. 지금까지 4,000편의 포스팅을 했다. 1,000편에 한 번씩 유의미한 성장을 경험할 수 있었다.

글쓰기는 경험의 영역이다. 정직하게 성장한다. 요행을 바라서도 안 되고 요행이 작동하지도 않는다. 덕분에 성실하게 글을 쓰는 사람이 결과물을 낼 수 있다.

2. 모두가 시행착오를 겪는다

글쓰기를 하면서 시행착오를 겪는다.

-『퓰리처 글쓰기 수업』 잭 하트 -

글을 쓰는 과정에 시행착오는 함께해야 할 친구 같다. 블로그의 기능 중 1년 전, 2년 전, 3년 전 글을 다시 보게 해주는 기능이 있다. 그 글을 클릭해서 들어가 보면서 무언가 아쉬움이 묻어난다.

현재 시점에서 과거 시점을 바라보기에 부족한 모습이 보인다. 감사한 것은 성장했다는 방증이기도 하다. 당신의 글도 그럴 것이다. 지금 다소 부족하게 느껴지더라도 묵묵하게 글을 쓰는 삶을 이어가자.

계속하면서 자연스럽게 성장한다. 글을 쓰다 보면 글이 잘 안 써지는 날도 자주 만나게 된다. 그때마다 포기하지 않고 계속 글을 쓰는 자세를 유지하는 것이 중요하다. 한 사람의 도전이 습관으로 자리 잡기까지 66일이 걸린다고 한다. 승리를 경험할 수 있는 시간이 100일이라고 한다. 필자는 100일 챌린지를 참 좋아한다.

작은 승리를 쌓아서 큰 승리를 맛보는 기쁨이 크기 때문이다. 글을 쓰다 보면 다양한 어려움을 만난다. 글감이 고갈되는 날도 있고, 글이 쓰기 싫어지는 날도 있다. 위로가 되는 것은 글을 잘 쓰는 사람이나 다소 실력이 부족한 사람에게 모두 시행착오의 시간이 찾아온다는 것이다. 힘을 내자. 매일 글을 쓰는 삶을 이어가자.

대단한 실력이 아니더라도 계속해서 쌓아가다 보면 실력자가 될 수 있다. 일을 배우고 해오면서 어떻게 도전하고 실행을 쌓아가야 하는지에 대해 배울 수 있었다. 처음부터 월등한 실력을 보유할 수 없다. 인정할 부분은 빠르게 받아들이고 조금씩 쌓아가는 사람이 현명하다. 지금 시점에서 대단해 보이는 사람도 자세히 보면 초보의 시간을 보냈다.

너무 힘들 때는 닮고 싶은 사람의 첫 모습을 들여다보는 것도 좋은 방법이다. 그들의 성장 과정을 보면서 시행착오의 순간들을 발견할 수 있다. 공감할 수 있는 경험들을 보고 스스로를 위로하고 응원하자.

잘할 수 있다고 다독이고 파이팅을 외쳐주자.

 장애물 달리기 선수는 경기장 트랙에 있는 수많은 허들을 넘어가야 결승점에 도착할 수 있다. 글쓰기도 똑같다. 그만두고 싶은 마음, 쉬고 싶은 마음을 이겨내자. 글감이 떠오르지 않을 때 글감을 찾아내는 실행력을 가져보자. 글쓰기의 시행착오를 현명하게 대처하면서 계속해서 글을 쓰는 삶을 살아가자.

3

끝까지
살아남자

강한 자가 살아남는 것이 아니라 살아남는 자가 강한 자다.

− 『나는 블로그로 월급보다 많이 번다』, 정태영(짜루) −

유튜브, 블로그를 수년간 운영하면서 느끼고 공감하는 문장이다. 오랫동안 구전되어 오는 문장들은 그 이유가 명확하다는 사실을 공감한다. 생각보다 꾸준하게 하는 사람이 많지 않다. 1년, 2년, 3년이 지나는 동안 조금씩 그만두고 멈춘다. 3년 이상 계속하는 사람들은 4년, 5년, 6년을 지나면서 또 그만둔다.

6년이 지나도 계속하는 사람과 계속하지 않는 사람으로 나뉜다.

6년이 지나면 7년, 8년, 9년, 10년으로 넘어간다. 한 분야에서 10년을 계속하기가 힘들다. 10년 동안 한 분야에서 일한 사람에게 전문가라는 칭호를 주는 이유다. 어차피 장기전이다.

처음부터 너무 잘하려고 하지 말자. 잘할 수도 없고 잘하는 게 이상한 것이다. 초보의 시기에는 잘 버티는 것이 실력이다. 실력자가 될 때까지 버티면 언젠가 일취월장한 나를 만날 수 있다.

그 시기가 오기까지 매일 최선의 노력을 다하면서 하루씩 쌓아가는 것이 제일 중요하다. '다른 사람이 내 글을 어떻게 볼까?'에 너무 연연할 필요 없다. 글을 전혀 못 쓸 때나 글을 잘 쓰게 되었을 때나 동일하다. 이유 없이 공격하는 사람이 있고, 한결같이 응원하는 사람이 있다. 모든 사람이 날 좋아할 수 없음을 인정하는 현명함이 필요할 뿐이다.

중요한 것은 끝까지 하는 것이다. 인내력 있게 실행을 쌓아가는 사람은 성공할 수밖에 없다. 11월에도 디자인 공부를 위해 서울을 다녀올 생각이다. 서울과 부산의 인테리어 디자인 격차가 분명히 존재한다. 아파트의 가격 차이도 있지만 기술적인 부분의 차이도 분명히 있다. 그 트렌드를 배우고 익히기 위해서 주기적으로 서울을 다녀오고 있다.

버티는 것이 정말 중요하다. 거기에 한 가지 더 붙이고 싶다. +α로 최선을 다해 노력해야 한다는 것을 덧붙이고 싶다. 그냥 시간만 보내면서 오랫동안 해왔다고 말하면 안 된다. 내가 할 수 있는 최대치, 최선의 노력을 하면서 시간을 보냈다고 말하는 것이 맞다. 그래서 매일 치열하게 글을 쓰고 있다. 스스로에게 부끄럽지 않게 하려 한다.

 책을 기다리는 독자분들에게 부끄럽지 않은 책을 출간하기 위해 매일 갈고 닦는 시간을 쌓아가고 있다. 최선을 다하지만 여전히 부족함이 많다는 것을 잘 알고 있다. 그렇다고 해서 좌절하고 멈추지 않을 것이다. 오늘의 부족함을 추억하고 웃을 수 있는 내일을 기대하며 매일 열심히 글을 쓰면서 정진해 나갈 것이다.

 분명히 알고 있다. 매일 성실히 쌓아가면 다음번에 나올 책은 더 좋은 퀄리티로 출간할 수 있다는 사실을 말이다. 매일 자신과의 싸움을 잘하는 사람이 되자. 그렇게 쌓이는 하루하루가 당신의 성장을 도울 것이다.

 블로그를 하면서 서로이웃 제한이 걸린 이후로 매월 200분씩 서로이웃을 삭제하고 있다. 그게 가능한 이유는 매월 200분 이상씩 블로그를 그만두시기 때문이다.

 6개월 이상 블로그를 하지 않으시는 분들을 대상으로 서로이웃을 삭제하고 있는데 매월 무려 200분이 발생한다. 감사한 것은 매월 200

분씩 새로운 이웃분이 생긴다는 것이다.

 끝까지 하는 것은 쉽지 않지만 끝까지 하기만 해도 충분한 성과를 낼 수 있다는 사실은 큰 위안이 된다. 매월 200분씩 그만두면 2년이면 함께 시작한 4,800분보다 앞선다는 이야기가 된다. 해볼 만한 경주가 아닌가?

4　글에 자신의 삶이 담긴다

작가의 일이란 결국 인간의 캐릭터 그리고
인간의 이야기를 그리는 것이다.

-『퓰리처 글쓰기 수업』 잭 하트 -

　글을 쓰면 자신의 이야기를 하게 된다. 자신의 생각, 삶에 대한 철학, 경험 등에 대해 글로 적는다. 나의 이야기를 하는 것이기에 어떤 내용을 담아내는지에 더 마음을 쏟아야 한다. 좋은 글을 쓰기 위해 내면을 건강하게 하고, 좋은 생각을 하는 삶을 살아가야 한다. 빈 공간이 되면 안 되기에 독서도 병행해 주어야 한다.

노력하면서 성장한다. 가만있는다고 좋아지지 않는다. 좋은 글을 쓰고 싶다면 좋은 글을 쓰겠다는 마음을 먹고 노력해야 성장의 속도를 높일 수 있다. 좋은 책이라 느껴지는 양서들을 계속해서 읽어야 한다. 인상 깊었던 문장은 아카이브에 저장하면서 기록을 더해가면 된다.

작가는 화가와도 같은 면이 있다. 무색의 도화지에 스케치를 하고 채색을 입히는 과정으로 한 편의 그림이 완성된다. 글도 마찬가지다. 작가의 생각이 글로 풀어지면서 한 편의 스토리가 완성된다. 없던 것을 만들어 내는 것 같지만 그렇지 않다. 평소에 하던 생각, 배운 내용들을 글로 풀어내는 것이다.

글을 쓰는 작가는 마음을 모으는 시간을 가져야 한다. 한 편의 글을 탄생시키기 위해 생각을 모으는 시간, 독서를 통해 배우는 시간을 쌓아가야 한다. 실천적 노력을 쌓은 시간들을 통해 스스로의 내면을 풀어낼 수 있다. 마음을 모았으면 글을 쓸 때 자신의 삶을 조금씩 풀어내 보자.

'나'라는 사람이 살아가는 인생은 세상에 하나뿐이다. 나를 투영시키는 것 자체가 독창성을 확보한다. 보석이나 값비싼 보물들이 가치가 높은 이유는 희소성이 있기 때문이다. 나의 이야기를 풀어내는 것은 세상에서 하나뿐이기에 가치가 있다. 소중하게 잘 풀어내는 연습을 하면 멋진 글을 만날 수 있다.

아침마다 미소를 짓고, 감사하고, 기도하고, 사색하고, 읽고, 쓰는 삶을 반복하고 있다. 이 시간을 통해 나를 찾고 만나고 응원하는 시간을 가진다. 꼭 아침이 아니더라도 당신의 삶을 들여다보는 시간을 가져보자. 하루의 10분이라도 내면을 보는 시간을 가지면 조금 더 부요한 삶을 살아갈 수 있다.

글을 쓰는 사람은 아침 사색의 시간을 통해 자신만의 동굴과 마주할 수 있는 특권을 누릴 수 있다. 살면서 스스로에게 질문 한번 하지 않고 살아가는 사람들이 생각보다 많다.

'나는 누구인가?', '나는 무엇을 좋아하는가?', '나는 무엇을 잘하는가?'에 대한 질문에 답을 해보자. 나에 대한 근원적인 질문에 답하면서 글을 쓰는 삶을 살아가면 나의 삶을 담아내는 행복을 누리며 살아갈 수 있다.

5

글을 쓰면서
논리적인 사람이 된다

글을 쓰면서 논리적인 사람이 된다.

-『나는 블로그로 월급보다 많이 번다』 **정태영**(짜루) -

글을 쓰면 육하원칙이나 서론, 본론, 결론의 글품에 대한 생각을 자주 하면서 글을 쓴다. 좋은 습관이 좋은 글을 만든다. 글을 쓰면서 논리정연하게 생각하고 말하고 글을 쓰는 것을 배울 수 있다.

글을 계속 쓰다 보면 한 편의 글이 풍기는 뉘앙스를 보게 된다. '한 문장으로 요약할 수 있게 일목요연하게 작성했는가?'라는 질문을 한다. 퇴고를 하면서 부적절한 부분을 조정하게 된다. 또한 앞뒤 문맥이 맞는지도 살펴보게 된다. 맛집을 다녀온 이야기를 글로 옮긴다고 하면 어떤 식으로 글을 쓸지 고민하게 된다.

맛집에 갈 때의 느낌, 식사하면서 경험한 것, 음식의 맛, 다 먹고 나서 든 생각 등 시간순으로 글을 쓰는 방법이 있다. 인상 깊었던 기억만 한 포인트를 잡아서 글을 쓸 수도 있겠다. 이처럼 관점에 따라서 하나의 스토리를 여러 가지 방법으로 풀어낼 수 있는 것이 글쓰기의 묘미다. 어떤 방법을 쓰든 서론, 본론, 결론의 포맷으로 글이 완성된다.

때론 결론, 서론, 본론으로 쓸 수도 있겠다. 어떤 방식이든 글에 틀이 들어오게 된다. 이런 형식들을 맞추는 연습을 하다 보면 논리성을 키울 수 있다. 논리에 맞는 성질의 글을 쓰면 읽는 사람도 편하다. 가독성이 높아지기 때문이다. 술술 읽히는 글이 즐겁다. 수많은 작가들이 쉬운 글을 써야 한다고 말하고 있다.

불특정 다수의 독자들이 글을 읽었을 때 모두 편하게 이해할 수 있어야 하기 때문이다. 자신의 글을 어떻게 작성하고 있는지 한번 살펴보자. 서론, 본론, 결론의 형식이나 육하원칙을 고려해서 글을 쓰는 과정을 통해 논리성을 키울 수 있다. 글을 통해 논리성을 키우면 실생활에도 도움이 된다.

배운 것들을 통해서 성장할 수 있기 때문이다. 실생활에서 만나는 다양한 변수들도 논리적으로 사고해 풀어낼 수 있다. 쉽게 키우기 힘든 논리성을 글쓰기를 통해 성장시킬 수 있다. 글 쓰는 사람들이 글을 쓰는 삶을 살기를 강력하게 추천하는 이유다.

6 여러 가지 종류의 글을 써도 된다

옆길로 샐 수 있는 용기가 필요하다.

-『퓰리처 글쓰기 수업』, 잭 하트 -

글쓰기 강의를 진행하면서 자주 듣는 질문이 있다. "내 주제가 경제인데 일상에 대한 글을 올려도 될까요?"라는 질문이다. 물론 주제에 관한 글만 쓰면 가장 좋다. 블로그를 운영해 보고 글을 쓰는 사람이라면 모두 공감할 것이다. 그게 말처럼 쉽지 않다. 그래서 이렇게 답변을 드린다. "8:2 전략을 사용하시면 좋을 것 같아요." 파레토 법칙을 활용해서 글을 써보자.

"주제에 관한 글을 80%, 다른 내용에 관한 글을 20%로 발행하시면 괜찮을 것 같아요."라고 말이다. 블로그에는 주제의 밀접성을 보는 C-RANK, 주제의 전문성과 질을 보는 DIA로직, 내용이 너무 길어지지 않고 읽는 사람에게 필요하도록 구성된 것을 보는 DIA+로직이 있다.

이런 것들을 모두 생각하고 글을 쓰려면 너무 많은 어려움이 생긴다. 그저 매일 열심히 글을 쓰면서 나만의 스타일을 구축하면 될 일이다. 10년간 계속 같은 텐션으로 글을 올리면 결국, 그 노력을 알아봐주는 사람들이 생긴다. 중요한 것은 주제와 연관된 글인가라는 어려운 질문보다 매일 글을 쓰는 것에 있다.

물론, 주제에 맞게 글을 쓰는 게 좋다. 그게 어렵기에 차선을 선택한다면 매일 글을 쓰는 것을 선택하면 된다. 신기하게 계속 쓰다 보면 주제를 알아서 찾아가게 된다. 나와 맞는 결의 글을 찾게 된다. 너무 둘러 간다고 힘들어하지 말자. 때론 둘러 가봐야 올바로 걸어가는 길이 무엇인지 알 수 있다.

여러 가지 글을 써봐야 나와 맞는 글 포인트를 찾을 수 있다. 처음부터 로또 당첨되듯이 결과를 내기는 쉽지 않다. 매일 원하는 주제의 글을 쓰지 못했다고 해서 스스로를 자책하지 말자.

다른 종류의 글을 써도 괜찮다. 내가 쓰려고 했던 방향성의 주제가 아닌 것은 적은 비율로 섞어서 함께 글을 써보면 된다. 글쓰기가 너무 어렵다면 일상의 에피소드를 글로 옮기는 것도 좋은 방법이다.

　매일 글을 쓰다 보면 스스로가 무엇을 좋아하고 잘하는지를 알게 된다. 그때부터 주제를 정하고 일관성 있게 글을 써도 된다. 정답을 찾아 시작하려고 하면 그 무게감에 아무것도 할 수 없다. 정답이 무엇인지 찾아가는 과정은 글을 쓰면서 해도 된다. 하나씩 알아가는 과정이 주는 기쁨과 행복이 있다.

7

글쓰기가
메타인지력을 기른다

> 글쓰기로 메타인지가 늘어난다. 부족한 부분을 알고 배운다.
>
> —『나는 블로그로 월급보다 많이 번다』, 정태영(짜루)—

 글쓰기를 하면서 메타인지가 늘어나는 것을 느낀다. 메타인지는 자신의 인지 과정에 대하여 한 차원 높은 시각에서 관찰, 발견, 통제하는 정신 작용을 말한다. 간단히 말해서 인지 기능이 늘어나는 것이다. 글쓰기를 하려면 글감을 찾는 과정을 보내게 된다. 좋은 글을 쓰기 위해 일상을 허투루 보내지 않는다.

 특이 사항이 없는 일상 같지만 보석을 찾기 위해 관찰력을 발동시킨다. 찰나의 순간의 감정을 남기기 위해, 순간적인 느낌을 찾기 위해 사진을 찍는다. 사진을 찍고 잠시 멈춰둔 그 시간에 느낀 영감을 내 것으로 만들기 위해 메모를 한다. 이런 과정을 통해 나온 글감을 풀어 써서 한 편의 글로 만드는 게 블로그 1일 1포스팅이 된다.

매일 1포스팅을 하는 사람은 365일 동안 이 과정을 반복한다. 인지력이 좋아질 수밖에 없다. 아무 글이나 적지 않는다는 가정하에 유익한 글을 쓰는 사람은 메타인지가 늘어난다. 덕분에, 블로그를 운영하는 사람 중 3년 이상 된 블로거 다수가 작가가 된다. 글을 쓰다 보면 책을 내는 과정으로 넘어가게 되기 때문이다.

블로그 운영을 하면서 양질의 글을 생산하려면 독서도 함께 병행하게 된다. 독서를 통한 인풋이 있어야 양질의 글을 아웃풋 할 수 있다. 독서를 통해 메타인지가 늘어난다. 새로운 것들에 대한 배움은 스스로의 관점의 뷰를 키우는 데 효과적이다. 늘어난 메타인지 덕분에 소통력도 좋아진다.

15년간 인테리어 디자이너로 일해왔지만 독서와 글쓰기 덕분에 요즘에 고객님들과 소통이 더 잘되는 것을 느낀다. 살아오면서 가장 많은 독서를 했고, 가장 많은 글을 쓴 해이기 때문이다. 원활한 상담을 위해 심리학책을 다수 읽었고, 삶의 지혜를 얻기 위해 철학책도 병행했다. 상대방의 표정에 나타나는 심리를 이해하기 위해 『표정의 심리학』을 읽으면서 공부했다.

　덕분에 고객님들과의 소통이 좋아졌다. 표정만 보고 어떻게 내 마음을 알아서 너무 편하고 좋았다는 후기를 들으면서 행복했다. 이처럼 글쓰기는 메타인지를 키운다. 글을 쓰려면 사고력을 키울 수밖에 없다. 또한 독서를 통해 배움의 시간을 쌓게 된다. 사고력, 독서력, 통찰력이 함께 성장하는 글쓰기를 힘써야 하는 이유다.

8

작은 성취를 쌓아가자

작은 성취를 무시하는 사람들을 종종 만난다. 큰 성공을 얻으려면 작은 성공을 정말 소중히 여겨야 한다. 작은 것부터 잘 쌓아야 큰 것을 완성할 수 있다. 여러분은 어떤가? 혹시 당신의 작은 성취를 무시하고 있는 건 아닌가? 모든 것의 시작은 작은 것이다. 그런 의미에서 작은 시작을 해보길 권한다.

매일 일기를 써보자. 일을 하면서 만나게 된 분과 깊이 있는 대화를 나눴다. 이야기를 하면서 느낀 것은 스스로의 성장을 위해서는 글쓰기기 필수적으로 필요하다는 사실이었다. 글을 쓸 엄두를 내지 못하는 모습을 보면서 일기부터 쓰시라고 권해드렸다. 사람들은 글쓰기를 두려워한다. 그 마음을 들여다보면 대부분 잘하려고 하는 마음 때문이다.

잘 보이고 싶은 마음, 스스로 마음에 드는 글을 쓰고 싶은 마음을 내려놓아야 한다. 처음부터 만족스러운 글을 쓰는 건 불가능하다. 그저, 매일의 일상을 기록한다고 생각하고 글을 써보자. 매일 글을 썼다는 만족감, 성취감, 작은 성공을 경험하며 살아가 보자.

시작은 라이트하게 하고, 쌓아가면서 무게감을 더해가면 된다. 작은 성공을 쌓는 것은 생각보다 어렵지 않다. 매일 있었던 일을 시계열로 정리한다. 그중 기억에 남는 일을 적고, 생각을 덧붙인다. 마무리에 교훈 한 가지를 메모하고 내일의 삶에 대한 다짐을 인사이트로 마무리하면 된다.

양식에 맞춰서 글을 쓰는 게 어렵다면 그냥 일기를 매일 써보자. 타인에게 보이는 게 싫다면 나만의 일기장에 써도 되고, 비공개 글로 올려도 된다. 100일간만 계속해 보자. 매일 하는 행동이 스스로를 성장시켜 주는 동력이 되어줄 것이다.

9

때론 압력이 필요하다

 탄소가 고압을 받아 형성되는 것이 다이아다. 이 다이아가 지표면으로 옮겨지는 것은 마그마를 통해서다. 큰 압력이 있어야 다이아는 만들어진다. 결과물을 만들려면 큰 압력이 들어가는 글쓰기의 시간을 보내야 한다. 책을 출간하는 과정이 그렇다. 엄청난 압력을 받는다.

 좋은 책을 쓰고 싶은 마음에서 오는 부담감이 있다. 정해진 출간 날짜까지 편집을 완성해야 하는 압박감이 있다. 초고를 잘 쓰고 싶은 중압감이 있다. 다양한 압력을 통과해야만 한 권의 책을 완성할 수 있다. 필자는 책을 쓰기 시작한 이후로 타인이 쓴 책을 볼 때 더 겸허한 마음으로 받아들이게 된다.

초고를 쓰고 퇴고를 하는 과정에 얼마나 숭고한 노력이 들어가는지를 잘 알게 되었기 때문이다. 한 권의 책이 출간되는 데 수치화할 수 없는 저자의 노력이 들어간다. 책을 쓸 때 압력이 있는 것이 당연하다. 다이아를 만나겠다는 마음가짐으로 좋은 글을 쌓아가자. 사람의 마음을 울리는 글을 쓰는 것이 쉽다면 그것도 문제다.

한 사람의 마음을 얻는 것이 정말 어렵다. 책을 출간하고 한 권의 이야기를 독자에게 전달하는 것은 다양한 의미를 가진다. 독자에게 저자의 이야기를 하는 것이다. 그 내용에 진정성과 깊이가 있어야 한다. 글을 쓰면서 느끼는 압력을 너무 힘겨워만 하지 말자. '좋은 책이 탄생하기 위해 필수적인 시간이구나!'라는 마음을 가져보자.

필자는 책을 쓰기 위해 주말이나 휴일에 집을 떠나 휴양지를 종종 찾는다. 영감을 얻고 좋은 글감을 찾기 위해서다. 때론, 여행지에서도 글이 써지지 않는 경우가 있다. 이럴 때는 엄청난 중압감을 느낀다. 그래도 괜찮다. 그 중압감도 글쓰기의 과정임을 알기 때문이다.

성급하게 굴지 않고, 조금씩 글을 쌓아가다 보면 새로운 길을 만날 수 있다. 그 길이 열릴 때 또 한 번 휴양지로 간다. 압력을 견디는 사람이 되자. 그 중압감 덕분에 새로운 나를 만날 수 있다.

10 끊임없이 두드려 보자

2024년 1월부터 손가락이 부르트도록 두드리는 삶을 살아왔다. 키보드를 너무 두드려서 팔목에 무리가 오는 경험도 해보았다. 작가의 고질병인 손목터널 증후군이라고 했다. 영광의 상처란 생각에 참 감사했다. 알아보니 작가용 키보드라는 것이 있었다. 적절한 타격감과 손목이 아프지 않은 신기한 비밀이 들어 있는 키보드였다.

손목 건강을 생각해서 키보드를 구매하고 매일 글을 쓰는 삶을 쌓아가면서 글력을 길렀다. 덕분에 지금은 매일 글을 쓰는 삶을 이어나가고 있다. 왜 그렇게 글쓰기에 진심이냐고 묻는 분들이 있다. 필자의 책을 통해 삶이 변화했다고 말하는 분들을 만나면 가슴이 쿵쾅거린다. 독자님들의 감사한 후기를 경험하면 글쓰기에 더 진심이 될 수밖에 없다.

2024년 하반기부터 '위너스(글쓰기와 독서 모임)'를 운영하고 있다. 좋은 분들과의 만남을 통해 글 쓰는 삶을 함께 걸어가고 있다. 함께하면서 서로 위안과 힘을 얻는다. 두드리는 삶을 살아가자. 분명한 길이 열린다. 매일 글을 쓰면서 스스로의 부족함을 느낄 때가 있다. 부족함은 채우면 된다. 덕분에 가열한 독서를 이어가고 있다.

매일 한 권의 책을 읽으며 2024년을 달려올 수 있었다. 덕분에 내 기준에 부합하는 글을 7편씩 이어갈 수 있어서 감사하다. 글을 쓰는 삶에 희망이 깃든다. 사업체를 운영하면 다양한 두려움이 다가온다. 고객, 직원, 매출 등 다양한 변수 앞에 부정과 긍정에 대한 선택을 마주하게 된다. 글쓰기를 계속하지 않았다면 때때로 불필요한 염려와 부정의 감정에 휩싸였을 것이다.

2024년의 나는 긍정 그 자체로 살아올 수 있었다. 모든 것이 감사하다. 긍정의 오로라를 보게 만든 것에 큰 역할을 독서와 글쓰기가 감당해 주었다. 2025년의 삶도 긍정으로 채워나갈 것이다. 여러분의 삶도 그랬으면 좋겠다. 경기가 좋지 않다고 말하는 때이지만 맛집은 문전성시를 이룬다. 실력을 갖춘 사람들은 늘 바쁘다. 혹시 핑곗거리를 찾고 있는 것은 아닌지 스스로를 돌아보자.

'위너스' 멤버분들이 서서히 전자책, 종이책에 대한 도전을 시작하셨다. 누구나 할 수 있지만 아무나 할 수 없다. 시작해도 끝까지 해내는 사람은 적기 때문이다. 두드리는 삶을 살아가자. 그 삶 속에 당신의 이야기가 피어난다. 세상에 하나뿐인 당신의 이야기를 사람들은 상당히 궁금증을 가지고 바라보고 있다.

스스로의 가치를 폄하하지 말자. 당신은 존귀한 사람이다. 당신은 충분히 해낼 수 있는 사람이다. 당신은 할 수 있다. 이 글을 통해 두드릴 힘을 얻으셨으면 좋겠다. 필자도 여러 플랫폼에서 계속 두드리는 삶을 살아가고 있다. 끝까지 하면 누구나 1%가 될 수 있다. 당신도 나와 함께 1%가 되어 오랜 시간 함께 글을 쓰며 걸어갔으면 좋겠다.

1%의 삶을 너무 멀리 있는 삶으로 여기지 말자. 주변을 둘러보라. 글을 쓰는 사람이 거의 없다. 블로그를 운영하는 사람만 해도 주변 사람 100명 중 한 명 될 정도다.

블로그를 하고 있다면 이미 1%의 삶을 살아가고 있는 것이다. 글을 쓰는 삶을 이어가면서 문을 두드리는 삶을 살아가자. 두드리면 결국 열린다.

성경에 마태복음 7장 7절을 보면 "구하라 그러면 너희에게 주실 것이요 찾아라 그러면 찾을 것이요 문을 두드리라 그러면 너희에게 열릴 것이니."라는 구절이 있다.

 글을 쓰는 삶을 살아가면서 문을 두드리고 열리는 걸 경험하는 사람이 되어보자. 그 삶에 행복과 설렘이 깃들 것이다.

11 글쓰기에 배움의 시간이 필요하다

훌륭한 작가가 되길 원한다면 배우는 사람이 되어야 한다.

- 『하버드 글쓰기 강의』, 바버라 베이그 -

좋은 글을 쓰고 싶다면 독서를 가까이해야 한다. 매일 글을 쓰는 삶을 살아가면 배움의 시간이 필요함을 느낀다. 아웃풋만 계속 낼 수 없기에 인풋의 과정인 읽기의 시간을 보내야 한다. 다양한 책을 통해 배움을 얻을 수 있다. 책을 쓴 저자들이 주는 지식은 직접 경험하지 않아도 간접적인 경험을 제공해 준다. 덕분에 혜안을 넓혀갈 수 있다.

현명한 사람은 자신의 부족함을 알고 그 부분을 채워나가는 사람이다. 자신의 모습을 매일 들여다보고 자아성찰의 시간을 가진다. 조금씩 쌓아가는 '천천히'의 중요성을 알고 있다. 덕분에 여유를 가지고 매사의 삶을 살아간다. 조금 더 나은 글을 쓰고 싶다면 다양한 분야의 책을 읽어나가자.

2024년을 보내오면서 다양한 장르의 책을 읽고 있다. 고전, 철학, 인문학, 심리학, 글쓰기, 자기계발, 재테크, 부동산, 주식, 가상화폐, 소설 등 읽는 분야를 넓혀나가고 있다. 덕분에 다양한 분야의 지식을 배우면서 성장하는 한 해를 보낼 수 있음에 감사한다. 읽은 책을 독서평으로 남기고 그중 기억에 남은 문장을 나만의 글로 풀어나가는 연습을 계속해 나가고 있다.

2025년에도 변함없이 읽기와 쓰는 삶을 지속한다. 부족한 것은 배움의 시간으로 채워나가면 된다. 하루아침에 이뤄지는 일은 없다. 쌓아가는 과정을 통해 새로워진 나를 만나게 된다. 글을 쓰다 보면 글감 고갈을 만난다. 자연스러운 현상이니 너무 불편해할 필요 없다. 마땅히 쓸 글이 생각나지 않으면 독서를 해야 할 시간임을 인지하면 된다.

배움은 끝이 없다. 내가 아는 것을 빼면 모두 모르는 분야다. 겸허한 마음을 가지고 배움의 자세를 견지해야 하는 이유다. 독서는 겸허

함과 함께 지식을 제공해 준다. 덕분에 다양한 글감을 만나고, 여러 가지 종류의 글을 써볼 수 있다. 좋은 글을 쓰고 싶다면 매일 독서하는 시간도 함께 만들어 보자.

12 텔레비전의 전원 플러그를 뽑자

텔레비전을 보는 습관을 버려라.

-『하버드 글쓰기 강의』, 바버라 베이그 -

텔레비전을 보면 뇌가 활동을 멈춘다고 한다. 사람은 생각하는 동물이다. 뇌를 활발하게 사용할 때 더 나은 삶을 살아갈 수 있다. 텔레비전을 멀리하는 사람이 되자. 그 시간을 독서와 글쓰기로 채우자. '읽고 쓴다고 뭐가 그리 크게 달라지겠어?'라고 생각한다면 큰 오산이다. 독서와 글쓰기가 주는 매력이 얼마나 큰지 직접 경험해 보면 알 수 있다.

필자의 집에 있는 텔레비전은 전원 플러그가 뽑혀 있다. 텔레비전을 꼭 필요할 때가 아니면 보지 않겠다는 의미다. 나와 딸은 독서와 글쓰기를 좋아해서 텔레비전을 볼 시간이 없다. 아내도 텔레비전 보는 것을 즐기지 않는다. 덕분에 국가대표 축구 경기가 있는 날만 치킨을 시켜서 텔레비전을 본다.

글을 좋아하기 전에는 많은 프로그램(드라마, 예능)들을 시청했다. 물론, 사람에 따라 적절한 텔레비전 시청이 필요할 수 있다. 충분히 수고한 나에게 주는 선물처럼 사용할 수도 있다. 텔레비전 시청은 생산적인 활동은 아니라는 점에 주목해야 한다. 온전히 소비자로 시간을 사용하는 것이다. 소비만 지속하면 빠르게 자원이 고갈된다.

정년퇴직을 하고 은퇴하신 분들의 이야기를 들어보면 삶에 불안이 찾아온다고 한다. 버는 것은 없이 쓰는 것만 하는 삶이 마음을 힘들게 한다는 것이다. 몇 년 쉬다가 자신의 일을 찾으시는 분들이 많았다. 돈을 떠나더라도 일을 하면서 얻는 기쁨과 즐거움이 있다고 했다.

글을 쓰는 시간을 계속해 나가면서 글쓰기를 계속하는 것의 매력을 더 느낀다. 글쓰기로 가지는 직업은 정년퇴직이 없다. 작가, 강연가, 리더 등으로 삶을 살아갈 수 있다. 계속 글을 쓰면서 영향력을 확장시킬 수 있고 그 삶이 더 나은 인생으로 연결시킨다. 텔레비전 플러그를 뽑을 수 없다면 시청 시간을 조금씩 줄여나가자. 그 빈 자리를 독서와 글쓰기로 채우자. 성장하는 삶의 희열을 느낄 수 있다.

13 글 쓰는 에너지를 유지하자

필자는 글을 쓸 때 동일한 텐션을 유지하는 것에 신경을 쓴다. 에너지가 가득 차 있어야 좋은 글을 쓸 수 있다. 매일 아침 루틴을 통해 최대한 에너지를 끌어올린 후 글을 쓰기 시작한다.

대니얼 조슈아 루빈의 "힘 있게 시작하면 좋은 글을 쓸 수 있다."는 말처럼, 최근 학수고대하던 4,000편에 도달했고 글을 계속 쓰는 삶을 이어가고 있다. 10년을 매일 글을 써야 만들 수 있는 분량이니 그동안 노력해 온 스스로에게 "수고했다."라고 말해주고 싶다.

다음 글쓰기 목표는 10,000편이다. 계속해서 쌓아가면 양질 전환의 법칙에 의해 더 나은 글을 쓸 수 있을 것이라 본다. 독자의 시선으로 나의 글을 바라보면 여전히 부족한 점이 보인다. 매일 독서와 글쓰기를 병행하면서 부족한 부분은 채워나가려 한다. 사람은 완벽하지 못하다. 오히려 불완전함 덕분에 좋다. 배움과 겸손함을 잃지 않는 자세를 가질 수 있다.

사람이 완벽했다면 그것 또한 무서운 현실이 될 것 같다. 글쓰기를 하면서 사색의 시간이 늘었다. 스스로를 돌아보고 점검하는 하루의 시작이 마음 상태를 볼 수 있는 시간을 허락한다.

나의 시간, 나와의 대화가 어색한 분들이 많을 것이다. 글을 쓰는 사람에게는 꼭 필요한 시간이다. 길지 않아도 좋다. 하루에 2~3분만이라도 나만의 시간을 가지길 추천한다. 필자는 글을 쓸 때 나만의 목표를 언급하는 편이다. 목표를 정해놓으면 그 방향을 향해 꾸준히 걸어갈 수 있다. 겸허하게 그 길로 나아갈 수 있다.

매일 성실하게 글을 쌓아가자. 힘 있게 글을 쌓아가다 보면 몰라보게 좋아진 결실을 대면할 수 있다. 지난 3년간 열심히 글을 써왔다. 특히 2024년은 내게 특별한 한 해였다. 글쓰기의 속도를 끌어올리고 밀도를 높이는 노력을 기울인 한 해였다. 덕분에 더 나은 글을 쓰려면 어떤 것들을 해야 하는지 배운 한 해가 되었다.

앞으로도 계속해 나가려 한다. 매일 읽고 쓰는 삶이 주는 유익이 얼마나 큰지를 배운다. 이 글을 읽고 있는 여러분에게도 그런 기쁨이 가득하길 기도한다. 읽고 쓰는 삶의 행복에 함께해서 세상에 밝은 등불이 되어주길 간절히 바란다. 2025년, 2030년, 2040년, 2050년에도 변함없이 글에 진심인 사람으로 살아가겠다 다짐해 본다.

14 시도의 빈도를 늘리자

> 나는 아무것도 시도하지 않은 것을 후회하느니
> 실패를 후회하는 삶을 살겠다.
>
> -mj demarco-

 글 쓰는 시간을 쌓아가면서 시도의 중요성을 더 깊이 체감하고 있다. 아무것도 쓰지 않으면 아무런 기록도 남길 수 없다. 글을 쓰는 삶에 있어서 가장 중요한 것은 글쓰기를 하는 행위 자체를 이어가는 것이다. 글을 쓰다 보면 여러 가지 실패의 상황을 만난다. 원하는 대로 글이 써지지 않는 경우도 있고 내 마음대로 되지 않는 경우도 있다. 중요한 것은 포기하지 않는 것이다.

지난 3년간 매일 글을 쓰면서 포기하지 않는 것의 중요성을 배웠다. 앞으로도 계속 글을 쓰면서 시행착오의 과정을 경험해 나갈 것이다. 결괏값을 도출하는 과정에 만나는 실패는 경험이다. 한번 넘어졌다고 해서 다음 기회가 없는 것이 아니다. 포기하지 않고 실행을 계속 쌓아 간다면 언제든 성공을 다시 만날 수 있는 기회는 존재한다.

존재하는 성공을 경험하지 못했다고 하염없는 것처럼 생각하는 태도는 지양해야 한다. 실행하지 못하는 사람들의 말을 들어보면 늘 핑계가 따른다. "바쁘다.", "시간이 없다."가 가장 대표적인 핑계들이다. 명심해야 할 것은 24시간은 모두에게 공평하게 주어진다는 사실이다.

똑같이 시간이 주어지지만 누군가는 도전하고 실행하는 삶을 산다. 어떤 이는 게으르고 나태한 인생을 살아간다. 시간이 지날수록 두 사람의 삶은 달라질 수밖에 없다. 성공을 자주 경험하는 삶을 살아가려면 도전해야 한다. 도전의 빈도를 늘리면 된다. 필자가 다작을 이어가는 이유도 시도의 빈도를 늘리기 위한 방법이다.

실행량을 키우면 여러 번의 시도 덕분에 작은 성공을 경험할 확률을 높일 수 있다. 다작을 쓰면 독자의 마음에 닿는 글을 쓸 확률이 높아진다. 안 되는 이유를 찾기보다 되는 이유를 찾는 사람이 되자. 그 방법 중 가장 좋은 것이 고빈도 전략임을 잊지 말자.

SUMMARY

글쓰기를 하면 시행착오를 경험한다. 글을 잘 쓰지 못하는 스스로를 만날 수밖에 없다. 너무 힘들어하지 말자. 우리에게 필요한 것은 끈기다. 끈기 있게 글을 쓰는 삶을 살아가다 보면 어느새 성장한 스스로를 만날 수 있다.

매일 써야 할 양의 글을 쓰는 삶을 이어나가자. 끝까지 글을 쓰는 사람이 되어보자. 그 꾸준함이 결실이 되어 빛을 발하는 순간을 결국 만날 수 있다.

6장

글쓰기를 계속해서 작가가 되어보자

1

글 쓰는 사람에게
필요한 생각이 있다

처음부터 모든 것을 잘하려 하지 마라.

-『아웃풋 법칙』, 김재수(렘군) -

글 쓰는 사람에게 가장 필요한 생각이 처음부터 잘하려고 하지 않는 것이다. 두 번째로 중요한 생각은 완벽함을 추구하지 않는 것이다. '무슨 말이지?', '대충 쓰란 말인가?'란 질문을 하는 분들이 있을 것이다. 대충 쓰라는 말이 아니다. 말 그대로 잘하려고 하지 말라는 것이다.

잘하려고 하는 것을 깊이 파고들면 타인이 나의 글을 보고 감탄하길 바라는 욕심이 있다. 완벽함을 추구하려는 것을 깊이 보면 타인인에게 공격받고 싶지 않은 마음이 투영되어 있다. 대충 쓰는 것은 성의가 없는 것이다. 이건 전혀 다른 문제다. 내가 할 수 있는 수준에서 최선의 글을 쓰라는 것이지, 성의 없는 글을 휘갈기라는 말이 아니다.

정리하면 "내가 할 수 있는 수준에서 최고의 퀄리티의 글을 쓰되 뽐내고자 하는 욕심은 내려놓은 글쓰기를 하라."는 것이다. 글을 쓰는 사람에게는 욕심이 있을 수 있다. 이게 긍정적으로 작용하면 좋지만 부정적으로 작용하면 글쓰기를 계속해 나갈 동력을 떨어뜨린다.

처음부터 잘하려고 하면 스스로의 부족함에 한계를 느낀다. 결국, 글쓰기를 멈추는 결정을 하게 되는 실수를 범하게 된다. 냉정하게 말해서 글을 처음 쓰는데 잘 쓰는 것 자체가 이상하다. 누구나 처음이 있다. 처음은 어설프다. 그래서 처음인 것이다.

앞으로도 계속 어설플까? 그건 아니다. 계속 쓰면서 자신의 부족한 점을 보고 채워나가는 과정을 경험하게 된다. 그래서 시작은 계속하는 끈기가 더 중요하다. 전설이라 불리는 작가들도 대부분 다작을 권한다. 많이 써보면서 자신의 글쓰기의 새 지평을 열 수 있어서다. 먼저는 스스로를 사랑하고 존중하는 마음을 가져야 한다.

그 따뜻한 마음과 시선이 글을 쓸 수 있는 힘을 불러온다. 다음은 잘하려 하기보다 최선을 다해야 한다. 매일 내가 쓸 수 있는 최대치의 글을 쓰다 보면 글력이 좋아진다. 결국에는 완벽함을 추구하지 말아야 한다. 약간의 빈틈을 허용하되 최선을 다해 글을 쓰면 되는 것이다.

2

책을 쓰고 싶다면
마감기한을 정하자

필자는 책을 출간하면서 공언 효과를 자주 활용했다. 몇 월 며칠까지 책을 출간하겠다고 공언했다. SNS와 주변 사람들에게 알리면 자연스럽게 열심을 낼 수밖에 없다.

약속한 것에 대해 지키고 싶은 것이 사람의 기본적인 심리다. 이걸 활용하는 방법이 마감기한을 미리 정하는 것이다. 불특정 다수의 사람들에게 약속을 하면 어길 수 없게 된다. 약속을 철회할 방법이 없기 때문이다.

전자책 코칭을 하면서 멘티분과 먼저 출간 날짜를 공언하는 작업부터 했다. 덕분에 공표한 날짜보다 더 빠르게 전자책을 완성할 수 있었다. 종이책 코칭도 마찬가지다. 먼저 마감 날짜부터 정하고 코칭을 진행하고 있다.

책을 출간하기까지 언제나 같은 질문을 넘어서야 한다. 큰 허들 같은 질문이 따라다닌다. '과연 내가 책을 낼 수 있을까?'란 질문에서 자유로울 수 없다. 지금 낼 수 없다면 다음에도 힘들긴 마찬가지다.

질문의 무게감에 짓눌리지 말자. 필자도 첫 번째 책을 출간하기까지 10년의 세월이 걸렸었다. '책을 내도 될까?'라는 질문 앞에 언제나 '아직은 아니야.'라는 대답을 하면서 시간을 보냈다.

10년 전에 첫 번째 책을 출간했다면 조금 더 빨리 글을 쓰는 삶의 행복을 느낄 수 있었을 것이다. 여러분도 그럴 수 있다. 하고자 마음 먹었으면 실행하면 된다. 먼저 날짜를 정해보자. 출간 날짜를 정하면 결국 해낼 사람이 될 가능성이 높다.

3 전자책을 써보자

SNS로 글을 쓰기 시작한 사람들이 첫 번째로 통과하면 좋을 관문이 전자책이다. 전자책을 쓰면 여러모로 유익이 있다. 스스로 책을 한번 써봄으로써 능력을 향상시킬 수 있다. '해낼 수 있을까?' 〉 '해낼 수 있다.' 〉 '해냈다.'로 가는 로직이다. 한번 써본 사람은 한 번만 하지는 않는다. 2번, 3번 도전하게 된다.

한번 시작하기가 어렵다. 주제를 정하고 글을 쓰다 보면 어느새 전자책을 내고 싶은 나의 열망이 행동으로 옮겨 가고 있는 걸 느낄 수 있다. 필자도 지금은 5권의 종이책을 출간한 작가가 되었지만 불과 5년 전만 해도 책을 쓰는 것에 대한 막연한 두려움이 있었다. 10년의 시간을 실행에 옮기지 못하고 나의 일에 집중하면서 살았다.

한 권을 도전해 보니 다음은 더 쉽게 나아갈 수 있었다. 이 글을 읽는 여러분도 그럴 수 있다. 도전하자. 한번 도전하면 그다음은 쉽게 갈 수 있다. 5권을 출간하고 이번에 『위너라이팅』으로 여섯 번째 책을 출간했다. 시작하면 내 이름으로 된 전자책을 낼 수 있다. 전자책을 쓰려면 무엇을 어떻게 해야 할지에 대해 막연할 때가 많다. 이런 점들을 일목요연하게 정리해 본다.

전자책을 쓰는 것은 글쓰기의 묘미를 느끼는 것이다. 전자책을 출간하려면 일반적으로 주제, 부제, 목차, 내용, 표지를 구성해야 한다.

＊ 주제: 주제는 내가 가장 잘하고 좋아하는 내용을 쓰면 된다.

내가 잘하는 것이 무엇인지를 파악하는 것이 중요하다. 주제를 정할 때는 가까운 곳에 여행을 가거나, 사색의 시간을 가져야 한다. 막연한 내용을 정해버리면 아무것도 할 수 없다. 내가 무엇을 잘하고 좋아하는지를 파악해야 한다.

＊ 부제: 주제를 가장 잘 드러낼 수 있는 한 문장으로 구성하는 것이 좋다.

부제는 주제를 뒷받침하는 내용이다. 『위너라이팅』은 '메타인지를 키우는 글쓰기'가 부제다. 부제는 주제를 설명하고 풀어준다. 책을 구매하기 전에 독자들은 제목과 부제와 목차를 보기에 직관적이고 확연히 눈에 띄는 내용으로 설정해야 한다.

* 목차: 처음 쓸 때 목차가 제일 문제다. 이게 너무 힘들면 마지막에 해도 된다. 내용을 쓸 때 주제 하나씩을 정하고 마지막에 구성을 다시 하는 방법이 있다.

목차를 구성하면서 중요한 것은 직관성이다. 책의 내용을 한 번에 스트레이트로 알려줄 수 있는 구성을 취해야 한다. 주제, 부제와 어긋난 목차를 선정하면 안 된다. 목차까지 열어보고 책을 구매하는 경우가 많아서 책을 쓸 때는 베스트셀러의 목차를 미리 확인해 보는 센스가 필요하다.

* 내용: 내가 가장 좋아하는 주제에서 세분화시키면 된다. 예를 들면 글쓰기 〉 글쓰기 잘하는 방법 〉 글쓰기 잘하려면 필요한 독서 〉 독서 방법 등으로 세분화시키면서 다양한 연결고리를 찾아가는 내용을 담으면 된다.

책을 쓰는 것은 글을 쓰는 작업이다. 좋은 글을 쓰려면 인풋이 필수다. 매일 독서를 하면서 해당 분야의 전문지식을 쌓아야 한다. 다방면에 전문지식을 쌓기 위해 요즘 1일 1독에 집중하고 있다.

표지: 표지는 책의 퀄리티에 맞게 구성하면 된다.

요즘은 AI의 발달로 고퀄의 표지를 쉽게 출력할 수 있다. 챗지피티, 빙, 그록 등 다양한 어플을 사용하면 효과적인 결과물을 만들 수 있다.

전자책을 쓰고 나면 '예스24'나 '작가와' 등에 등재해서 유통하면 된다. 책을 한 권 썼다고 해서 첫술에 배부를 수는 없다. 등산을 하듯이 정상을 향해 한 걸음씩 나아가는 과정이 전자책이다. 전자책을 통해 스스로의 수준을 점검해 볼 수 있다. 동시에 50페이지 정도 되는 전자책을 업그레이드시켜서 종이책에 도전할 수 있다.

나의 글을 좋아해 주는 독자들이 좋아한 포인트를 찾아서 그 포인트에 맞게 후편을 작성해서 종이책을 완성하는 과정을 그리면 된다. "전자책에 도전해 보세요."라고 말씀드리면 "저는 아직 준비가 안 되었어요."라는 답이 돌아온다. 미안한 말이지만 준비는 평생 안 된다.

필자도 첫 번째 책을 내기까지 10년의 세월이 걸렸다. 아직은, 아직은, 아직은 이라는 마음이 있었다. 멘토님이 "지금 해보세요."라고 하는 말에 움직인 끝에 이제는 여섯 번째 종이책『위너라이팅』의 출간을 앞두고 있다.

시작은 누구나 어설프다. 하면서 좋아진다. 그러니 가열하게 초고를 쓰자. 불편한 내용은 퇴고의 시간을 충실하게 하면서 채워나가면 된다. 여러분의 성장을 응원한다.

4. 전자책 작성 방법을 알아보자

 전자책을 쓰려면 어떻게 해야 할까? 책을 쓰려면 먼저 막막함부터 찾아온다. 종이책의 무게감을 처음부터 감당하기가 쉽지 않다. 이걸 극복할 수 있는 방법이 전자책을 출간해 보는 것이다.

 보통 전자책은 30~50꼭지의 주제로 50페이지 정도로 만들면 되기에 종이책의 1/2 정도의 수고가 들어간다. 전자책을 작성하려면 먼저 주제를 선정해야 한다. 내가 좋아하고 잘하는 것을 찾으면 된다.

 책을 작성하기 위해서는 먼저 나 자신을 알아야 한다. 나를 알 수 있는 질문을 활용해서 답을 찾는 시간을 가져야 한다.

나는 누구인가?

소크라테스는 "너 자신을 알라."라는 유명한 말을 남겼다. 이 말을 스스로에게 질문을 하고 무엇을 잘하는지 알아가는 시간을 가져야 한다는 의미로 생각해 보았다.

질문에 대한 답을 해보면 내가 무엇을 적어야 할지에 대한 생각을 정리할 수 있다. 정리된 생각을 바탕으로 주제를 정하면 된다. 내가 살아온 인생의 경험들을 정리해 보면 가장 좋다.

처음부터 정의서나 전문 서적을 쓰려고 하면 어려움에 봉착하게 된다. 나의 인생의 경험 중 인상 깊었던 것들을 위주로 에세이를 쓰는 게 제일 쉬운 접근 방법이다. 삶에 있어서 가장 좋은 추억으로 남는 순간들을 1부터 150까지 한 문장으로 나열해 보자.

150개를 정리하면 실제로 사용할 만한 내용은 30~50여 개가 된다. 이렇게 정리된 30~50개를 꼭지로 활용하면 된다. 조금씩 모아서 글을 쓰다 보면 전자책의 초고를 완성할 수 있다. 초고를 작성한 후 퇴고의 시간을 보낸다.

그런 다음 표지 디자인 작업을 하고 전자책 출판을 위한 출판사 등록을 한다. ISBN 등록을 하고 '예스24'나 '작가와'에 전자책을 등록하면 전자책 출간을 위한 여정을 마칠 수 있다.

 전자책 작성에서 가장 중요한 것은 끝까지 해내는 것이다. 초고를 작성하는 데 30~40%의 에너지를 쏟고 퇴고하는 데 30~40%의 에너지를 쏟아야 한다. 마무리 표지 작업과 출간에 20%의 에너지를 쏟으면 전자책 출간의 여정을 마칠 수 있다.

5. 종이책을 써보자

 글을 쓰는 사람이 가고 싶어 하는 길은 작가가 되는 것이다. 작가는 글을 쓰는 모든 사람을 명명하는 단어다. 다만, 대중적으로 사용되는 작가라는 단어의 의미는 종이책을 출간한 사람을 지칭하는 경우가 많다. 왜 작가를 해야 할까? 21세기는 퍼스널브랜딩의 시대다. 연예인보다 인플루언서의 영향력이 크다. 나에게 매력을 느끼는 사람들을 확보하는 것이 경제적으로도 도움이 된다. 아울러 인지도 상승으로 인한 여러 가지 혜택을 볼 수 있다.

 작가가 되면 강의, 개인 브랜드 신설, 코칭의 기회 등 다양한 기회를 맛볼 수 있다. 작가의 혜택이 많은데 도전을 하지 못하는 이유는 무엇일까? 그 이유는 간절함이 부족하기 때문이다. 작가에 도전할 때 필요한 간절함과 작가가 되는 방법에 대해 알아보자.

필자는 2024년에 3권의 책을 출간했다. 『위너노트』, 『위너러브』, 『위너모닝』을 출간했다. 왜 계속해서 책을 출간하고 있을까? 글에 대한 진심을 담고 있어서다. 또한 책을 통해 영향력을 키울 수 있기 때문이다. 글을 쓰는 사람이라는 알파에 대한 브랜딩을 계속하고 있다. 아울러 '위너스'라는 브랜드를 만들어 나간다. 책 100권을 쓰겠다는 공언을 하면서 책을 계속 쓰고 있다.

책을 출간하고 강연도 하고, 브랜딩도 강화하면서 여러 기회를 얻고 있다. 작가가 주는 유익이 크다. 네이버 인물 등록도 가능하고 자신의 브랜딩을 강화해서 경제적 수입도 늘릴 수 있다. 그럼 작가가 되려면 어떻게 해야 할까? 글을 써서 책을 내면 된다. 이 간단한 사실을 너무나 어렵게 생각한다.

처음에는 전자책으로 시작하면 좋다. 내용의 제한이 없다고는 하지만 일반적으로 50페이지 정도를 추천한다. 표지, 목차, 글 구성 등 종이책을 내는 것과 동일한 구성으로 진행되기에 종이책 출간을 연습해 보기에 알맞은 프로세스다.

전자책은 직접 글을 쓰고 편집까지 모두 감당해야 하는 단점이 있지만 개인의 성장을 추진해 보기에는 가장 좋은 방법이다. 나의 경험을 반추해 보면 전자책을 쓰기 위해 매일 한 꼭지씩 글을 쓴 경험이 있다. 약 두 달간 초고를 완성하고 두 달간 편집을 하면서 책을 출간할 수 있었다.

 최근 코칭을 통해 출간한 수강자분은 2개월 만에 모든 책의 초고, 편집을 완성해 출간에 성공했다. 누군가의 코칭을 받으면 2개월로도 시간을 줄일 수 있다. 전자책을 작성하고 나면 종이책에 도전한다. 종이책에 도전하는 방법은 자가출판과 기획출판이 있다. 자가출판은 작가가 비용을 내고 도전하는 것이고, 기획출판은 출판사에서 비용을 부담해 진행하는 것이다.

 각각의 상단점이 있으므로 자신에게 맞는 방법을 선택하면 된다. 보통은 기획출판을 먼저 선택한다. 출판사에 투고를 통해서 책을 출간한다. 이때 중요한 가늠자 역할을 하는 것이 책을 출간한 경험, 책의 판매 부수, SNS 영향력 등이다.

 책을 출간했을 때 얼마나 판매가 되는지가 출간을 결정할 가늠쇠 역할을 한다. 보통 책을 한 권 출간하는 데 500~1,000만 원 내외의 비용이 든다고 한다. 출판사에서 이 비용을 회수하려면 2쇄 이상 (2,000부)을 판매해야 한다고 한다. 덕분에 출판사도 손익분기점을 넘길 수 있는 저자를 찾으려 한다.

종이책은 100~150페이지(A4 기준) 정도의 분량으로 책이 제작된다. 즉 100꼭지는 써야 한다. 초고를 작성하는 데 기성 작가 기준 3개월이 걸린다. 그다음 과정이 퇴고다. 퇴고는 보통 3~4회에 걸쳐서 진행되고 짧게는 2개월 길게는 4개월 정도에 걸쳐서 작업을 진행한다. 퇴고 이후에는 표지 디자인과 마지막 점검을 한 후 판매에 들어간다. 작가가 되는 게 너무나 머나먼 이야기 같지만 누구나 할 수 있다.

책을 한 권을 내기가 어렵지 한 권만 출간하는 사람은 없다. 벌써 필자도 여섯 번째의 책이다. 2025년에는 『위너마인드』, 『위너대디』, 『위너블로그』가 이미 기획되어 초고 작성을 하고 있다. 책을 쓰기 가장 좋은 시대가 되었다. 이제는 책을 쓰는 사람이 되어보자. 도전하면 해낼 수 있다. 책을 쓰겠다는 마음을 먹으면 할 수 있는 것이 출간이다. 책을 쓰지 못하는 것은 도전을 하지 않아서다. 누구나 책을 쓸 역량을 갖고 있다. 스스로의 능력을 발현시킬 수 있도록 출간에 대한 목표를 세우고 실행을 하자.

6

종이책 작성 방법을 알아보자

책을 쓸 때 하루는 글을 쓰고 하루는 글을 고쳤다.

− 『무기가 되는 글쓰기』, 배작가 −

처음 책을 쓸 때 가장 먼저 드는 생각은 '내가 할 수 있을까?'라는 의문이다. 의문을 해결하는 방법은 글을 쓰는 것이다. 일단 시작해야 한다. 시작한 다음에는 매일 쓰면 된다. 매일 글을 쓰고 그다음 날에는 쓴 글을 수정하면 된다. 처음 쓴 글이 좋은 글일 수 없다. 멋진 글을 쓰는 작가들도 책을 출간하기 전에 무수한 퇴고의 시간을 보낸다.

고치고 또 고친다. 처음부터 잘 쓰려고 하니까 글에 힘이 들어가고 글쓰기가 더 어려워지는 것이다. 글쓰기가 너무 힘들 때는 『무기가 되는 글쓰기』 저자의 방법을 활용해 보자. 첫날은 초고를 쓰고 다음 날은 퇴고를 하는 것이다. 1:1의 비율로 글을 쓰고 수정하면 안정감을 얻을 수 있다.

『위너모닝』을 쓰면서 퇴고의 중요성을 더 깊이 느꼈다. 처음 완성했던 퇴고와는 완전히 다른 책이 되었다. 초고를 쓰는 데 너무 많은 에너지를 소진하면 안 된다. 정작 중요한 퇴고에 쓸 힘이 없어서 진도가 나가지 않거나 완성도가 떨어지는 책을 출판하게 될 수 있어서다.

좋은 책은 초고를 수십 번 다듬은 후에 만들어진다. 좋은 글도 마찬가지다. 글쓴이의 의도가 더 간결하게 들어갈 수 있도록 글을 써야 한다. 처음부터 '좋은 글을 쓰겠다.'는 마음을 내려놓아야 한다. 어쩌면 불가능한 욕망일지도 모른다. 처음부터 좋은 글이 나오기는 쉽지 않다.

퇴고의 과정을 통해 다듬어져야 좋은 글이 된다. 석상도 공예가의 수없는 노력이 덧붙여져야 작품으로 변모한다. 글도 마찬가지다. 수정과 추가, 삭제를 반복하면서 좋은 글이 탄생한다. 접속사 하나, 접미사 하나, 조사 하나에 따라 글의 의미가 달라진다. 문장의 길이, 동의어의 사용 등에 따라 글의 깊이를 다르게 할 수 있다. 좋은 글을 완성하기 위한 노력을 덧붙여 나가자. 초고를 쓰는 에너지만큼 퇴고에도 힘을 쏟자. 힘든 과정을 통해 좋은 글을 생산할 수 있다.

7

초고부터
완성해 보자

주변에 전자책과 종이책을 집필하고 싶은 분들이 있다. 대부분 '내가 할 수 있을까?'라는 질문에서 진도가 나가지 못하는 경우가 많다. 이 생각을 '나도 할 수 있다!'로 바꾸는 게 먼저다. 그다음은 책으로 만들 수 있는 분량의 글을 완성해야 한다. 실행하지 않으면 할 수 있는 것이 없다.

전자책은 보통 A4용지 50장 분량, 종이책은 A4용지 100장 분량으로 쓰는 것이 일반적이다. 초고를 쓰려고 하면 막막하다. 제일 먼저 선행해야 할 것은 주제를 정하는 것이다. 50페이지 or 100페이지 분량의 글을 쓸 수 있는 주제를 선정해야 한다. 가장 좋은 방법은 내가 좋아하는 분야나 잘하는 분야의 글을 쓰는 것이다.

 글감이 무한정으로 쏟아지지 않기 때문에 글감을 잘 뽑아낼 수 있는 분야의 글을 쓰는 것이 좋다. 혹은 매일 반복하고 있는 행동이나 시간을 사용하는 분야를 글로 쓰면 된다. 50일 혹은 100일간 매일 한 편씩 작성하는 방법이 가장 효과적이다. 매일 무슨 일이 있어도 한 쪽지씩 쓰겠다는 마음을 먹고 실행에 옮기자.

 혼자 마음먹은 것은 지키기 어렵다. 이때 필요한 것은 공언이다. 가족에게는 양해를 구하고 가까운 SNS 친구들에게 공언을 하자. 한번 하겠다고 약속을 하면 지키기가 조금 더 수월해진다. 할 수밖에 없는 환경으로 스스로를 몰아넣는 것이다. 2024년에 3권의 책을 출간하기 위해 공언 효과를 자주 활용했다.

 실행력을 높이면서 3권의 책을 출간할 수 있었다. 책을 쓰려면 초고부터 완성해야 한다. 책을 출간하고 보면 초고의 비중이 30%이지만 초고가 없으면 아무것도 할 수 없다. 50일에서 100일 플랜을 세워보자. 빠지는 날이 있을 수 있으니 60일에서 120일로 계획을 세워보자. 그 계획에 맞춰 매일 글을 쓰면 책을 완성할 수 있다. +α로 권하고 싶은 것은 퇴고 시간을 동일하게 보내야 한다는 것이다. 초고를 쓰고 그대로 출간하면 책의 완성도가 현저하게 떨어진다.

50일간 책을 썼으면 50일간 퇴고를 하고 100일간 책을 작성했으면 100일간 퇴고의 시간을 보내자. 노력이 들어간 책이 더 호소력을 가진다. 책을 쓰고 싶은 사람이 있다면 더 이상 망설이지 말고 책을 쓰자. 초고를 써야 책을 출간할 수 있다.

8. 초고는 작가의 시선으로 퇴고는 독자의 시각으로 하자

> 원고를 쓰고 나서는 필자에서 독자로 전환해
> 소리 내어 읽어야 한다.
>
> -『힘 있는 글쓰기』, 피터 엘보 -

　종이책을 집필하면 초고 완성의 시간까지 쉼 없이 달리는 시간을 가져야 한다. 이때는 지나친 자기검열에서 벗어나 자유로운 글쓰기를 지향해야 한다. 글을 계속해서 쓰다 보면 오히려 방향성이 확실하게 잡히는 걸 경험할 수 있다. 기세를 몰아서 초고를 모두 완성하면 적당한 완성도를 가진 초고를 만날 수 있다.
　문제는 책이 적당해서는 안 된다는 데 있다. 그래서 가열한 퇴고의 시간을 가져야 한다. 퇴고를 위해서는 잠시 멈춤 버튼을 눌러야 한다. 초고를 온 힘을 다해 작성했기 때문에 사실상 남은 에너지가 없다. 쥐어짜 내듯이 퇴고를 하면 좋은 글을 완성하기 어렵다.

필자는 초고 작성을 마친 후에 여행을 떠난다. 새로운 장소에서 에너지를 충전하는 시간을 가진다. 글을 쓸 때는 온전히 작가의 입장에서 작성하기 때문에 제3자의 시선을 가져오기 힘들다. 여행을 마치고 돌아와서는 내 초고를 제3의 시선으로 바라보아야 한다. 마치 다른 책을 읽는 것처럼 좋은 문장 15개를 뽑는다는 느낌으로 책을 읽는다.

분명 일관된 방향성으로 쓴 것 같은데 어설픈 지점들이 보인다. 연결구와 문장이 어색하기도 하다. 목차의 순서가 맞지 않은 것도 보인다. 대수술에 들어간다. 목차의 순서도 수정하고 내용도 바꾼다. 그렇게 3~4번 눈으로 읽다 보면 놓친 부분들이 보인다.

오탈자도 함께 수정하는데, 노트북 화면으로 보는 데 한계가 있음을 느낀다. 곧바로 A4용지 인쇄를 들어간다. 빨간펜, 파란 펜을 꺼내서 밑줄을 그어가면서 수정 작업을 한다. 3~4번 반복해서 종이를 보면 완성된 것 같은 착각에 빠진다. 이런 상태가 되면 다시 휴식을 취한다. 이미 뇌에 과부하가 걸린 상태이기 때문이다.

바다를 보거나, 산책을 통해 에너지를 회복한다. 마지막 작업은 청각을 자극하는 것이다. 깔끔하게 수정된 원고를 다시 인쇄해서 소리 내어 읽는다. 눈으로 볼 때는 보이지 않던 것들이 보인다. 말이 어색한 문장들이 다시 드러나기 시작한다. 이런 과정을 거치면 책의 완성도가 높아진다. 좋은 책은 하루아침에 만들어지지 않는다. 꾸준한 노력이 필요하다.

9 퇴고할 때 신경 써야 하는 버리기

좋은 글이라도 어느 정도 버릴 수 있는 힘을 길러야 한다.

– 『힘 있는 글쓰기』 피터 엘보 –

퇴고할 때 가장 신경 써야 하는 부분 중 하나가 버리기다. 글을 쓰는 사람은 누구나 공감할 것이다. 공들여 쓴 글이 내 자식 같다. '이걸 어떻게 빼고 지우나.'란 생각이 들 것이다. 아무리 좋은 글이라도 책의 완결성을 저해한다면 나쁜 글이다. 소크라테스의 철학의 한 문장이 맥락 없이 책 쓰기를 말하는 책 속에 담기면 좋은 글이 될까?

전혀 아닐 것이다. 상황에 맞고 문맥에 맞아야 한다. 인용되는 문장도 글의 전후를 살릴 수 있어야 좋은 인용문이 될 수 있다. 퇴고의 시간에는 오탈자와 문법에 맞는지에 대한 부분을 집중해서 본다. 이 과정과 반드시 병행해야 할 부분이 불필요한 문장들을 버리는 것이다.

내가 쓴 문장을 지우는 일이 가장 힘들다. 어색한 문장이라 인정하고 받아들이는 자세를 배워야 한다. 퇴고의 시간에 한 문단을 통으로 삭제하는 일은 비일비재하다. 목차를 수정하면서 전체 글의 방향이 바뀌기도 한다. 글의 지향점을 바꿨는데 내용을 그대로 두면 책의 일관성에 문제가 생긴다.

내가 쓴 글이라고 해서 지우지 않으려고 하는 것도 일종의 욕심이다. 퇴고를 할 때는 과감하게 지우는 것을 각오해야 한다. 지운 자리에는 더 좋은 문장을 채워 넣으면 된다. 지우기만 하면 책에 빈 곳이 생기기 때문에 틈이 생기지 않도록 좋은 글을 채우면 된다.

즉, 퇴고의 시간은 더하기와 빼기의 시간이다. 전체적인 책의 흐름을 멋지게 해주려는 곳에는 더하기를 해주어야 한다. 군더더기 때문에 책이 루즈하게 느껴지는 부분은 빼기를 하면 된다. 책을 여러 권 쓸수록 퀄리티가 좋아지는 이유는 더하기와 빼기의 경험치가 쌓이기 때문이다. 하루아침에 좋은 것을 모두 가지려 하지 말자. 세상에 그런 경우는 없다. 차근차근 하나씩 쌓아가다 보면 더하기와 빼기를 자연스럽게 할 수 있는 순간을 만날 수 있다.

10. 내가 작가가 되어도 괜찮을까?

글쓰기 코칭을 하면 가장 많이 듣는 질문 중 하나가 "작가님, 제가 작가가 되어도 괜찮을까요?"라는 질문이다. 그러면 어김없이 답을 드린다. "네, 충분히 작가가 꼭 되셔야 할 분입니다."라고 말이다.

세상을 아름답게 하고 따뜻한 마음을 쏟아내는 작가님들이 많아졌으면 좋겠다. 여러분의 이야기를 글로 쓰고 따뜻한 마음이 담긴 글을 쓰는 사람이라면 충분히 작가가 될 수 있다.

개인의 이야기를 글로 풀어내면서 글을 쓰는 삶을 살아가자. 4차 산업혁명 시대를 살아가면서 그 어느 때보다 글쓰기의 중요성이 커졌다. SNS를 운영하면서 영향력을 키워야 하는 시대다.

나의 이름으로 된 책을 출간하는 작업을 통해 퍼스널브랜딩을 키워나갈 수 있다. 스스로를 힘들게 하는 질문에서 자유로워지자. '내가 작가가 되어도 괜찮을까?'가 아니라 '세상을 아름답게 하는 글을 쓰는 사람이 되자. 나는 할 수 있어. 꼭 책을 출간하자.'라는 마음으로 바꿔보자.

하겠다 마음먹으면 할 수 있는 방법들만 생각난다. 못 하겠다 마음먹으면 하면 안 되는 이유들만 떠오른다. 왜 그럴까? 뇌는 우리가 생각하는 대로 움직이기 때문이다. 당신은 작가가 되어도 괜찮다.

더 이상 불필요한 질문에 아까운 시간을 소비하지 말자. 좋은 글을 쓰기 위해 치열하게 읽고 마음을 쏟아 글을 쓰는 삶을 살아가자. 당신의 글 덕분에 새로운 삶을 살아갈 희망을 얻는 사람들이 있다는 사실을 잊지 말자.

11 쉽게 이루어지는 것은 없다

작가가 되려는 사람은 가시밭길을 걸어가는 과정을 보내야 한다.

- 『마음을 흔드는 글쓰기』, 프리츠게징 -

작가가 되는 길이 순탄하지 않다. 글을 쓰면서 다양한 역경을 만나야 한다. 글이 안 써지는 날도 경험하고, 글감이 막히기도 한다. 때로는 스스로의 한계를 만나 고통스럽기도 하다. 모든 경험이 헛되지 않다. 수많은 작가들이 동일하게 경험했던 과정이다. 좋은 작가가 되려면 오랫동안 글을 써야 한다. 『마음을 흔드는 글쓰기』를 쓴 프리츠 게징도 그 과정을 지나왔다고 한다.

이미 대작가가 된 선배 프리츠 게징도 그 과정을 보냈다고 하니 위안이 된다. 프리츠 게징은 글쓰기에 두 가지가 필요하다고 한다. 첫 번째는 재능 두 번째는 꾸준한 글쓰기의 시간이라 한다. 재능은 우리가 어떻게 할 수 없는 영역이지만 꾸준함은 제어 가능하다. 재능이 없어도 괜찮다고 한다. 독서의 과정을 통해 지식을 배우고 글쓰기를 쌓아가면서 실력을 키울 수 있다고 한다.

결론적으로 글을 계속 쓰면 작가도 될 수 있고, 좋은 글도 쓸 수 있게 된다는 것이다. 다만, 계속이라는 단어에 아주 긴 시간이라는 내용이 포함된다는 걸 기억해야 한다. 꾸준함을 얼마나 쌓아야 좋은 글을 만날 수 있을까? 위로가 안 되는 말일지 모르나 필자는 10년이라 말하고 싶다. 잘할 수밖에 없는 시간이다.

인테리어 디자이너로 처음 입문했을 때 모든 것이 어려웠고 배울 것투성이였다. 15년 차 디자이너가 되어보니 비로소 보이는 것들이 있다. 경험해야만 알 수 있는 것들이 있다. 10년간 매일 한 편의 글을 쓰면 3,650편, 2편의 글을 쓰면 7,300편, 3편의 글을 쓰면 10,950편이다.

잘할 수밖에 없는 양이 된다. 잘하는 것과 실천적 노력이 연결되어 있음을 잊지 말자. 세상에 요행으로 이뤄지는 건 오래 못 간다. 10,000편 이상의 글을 쓰려면 독서는 필수다. 내 안에 있는 것만으로

그 많은 양의 글을 채워낼 수 없다. 독서를 통해 인풋을 하고 글쓰기를 반복해 나가야 한다.

그 과정이 만만치 않기에 저자는 가시밭길에 비유하고 있다. 멋진 작가가 되는 일은 쉽게 이룰 수 없는 것이지만 이룰 수 없는 일도 아니란 것을 안 것만으로도 위안을 얻을 수 있다. 매일 좋은 글을 쌓기 위해 노력하는 시간을 가지자. 누적된 글이 당신을 멋진 작가로 만들어 줄 것이다.

12. 글쓰기에 마음을 담자

글쓰기를 통해 자신의 마음에서 독자의 마음으로 옮겨야 한다.

– 『하버드 글쓰기 강의』, 바버라 베이그 –

글쓰기의 시작은 나를 향해야 한다. 나에 대한 글, 나를 위한 글을 써야 한다. 글을 쓰다 보니 시선이 옮겨지는 시점을 만나게 된다. 그때부터 독자를 위한 글을 쓰면 된다. 걸음마를 하는 아이가 한 번에 뛸 수 없다. 기어다니고 〉 걷고 〉 뛰는 과정을 통해 성장한다. 글쓰기도 마찬가지다. 처음엔 나를 설득하는 글을 써야 한다.

내가 쓴 글에 충분히 납득할 수 있게 되면 그때부터 타인을 위한 글을 쓰기 시작해야 한다. 나의 마음을 진솔하게 담는 방법을 알았기에 내 마음을 표현에 읽는 사람을 향한 글로 변모시키면 된다.

독자의 공감을 얻을 수 있는 방법은 첫 번째 내 마음을 진솔하게 담는 것에 있다. 진중하고 솔직한 마음을 글로 표현하면 독자의 공감을 얻을 수 있다. 이때는 인상 깊었던 에피소드나 고통을 잘 뚫어온 경험을 활용하는 것이 좋다. 실질적인 경험을 녹여서 글을 쓰면 독자의 마음을 얻을 수 있다.

두 번째 독자를 위한 글을 쓰는 것이다. 나에게 유익했던 내용을 글로 풀어내어 독자에게 도움이 되는 글을 쓰면 된다. 무엇이 도움이 되는지는 내가 직접 경험한 것을 쓰는 것이기에 스스로 방법을 찾을 수 있다. 두 가지 방법을 읽은 분들은 공감할 것이다.

결국, 시작은 나에게서 출발한다. 나를 알고 나의 내면과 자주 조우해야 하는 이유다. 나의 내면이 건강해야 좋은 글을 쓸 수 있다. 아침 루틴으로 스스로를 단련시키는 것도 좋은 글을 쓰기 위한 워밍 작업이다.

나아가 스스로를 성장시키기 위함도 있다. 여러분의 글의 방향은 어디로 향해 있는가? 우선은 타인보다 나에게 먼저 포커스를 맞추자. 나와 긴밀한 관계를 만들어 나가는 것을 체득한 다음 타인을 향한 글로 방향성을 전환시키는 것이 좋다. 단계를 건너뛰고 글을 쓰게 되면 부담감과 압박감이 너무 크게 다가오기 때문이다.

글을 조금 더 편안하게 쓰는 방법은 나와 자주 만나는 것이다. 매일 아침 사색의 시간을 가지는 것도 좋은 방법이다.

13 당신의 글이 세상을 아름답게 한다

나의 글이 누군가에게 삶의 위로와 힘, 변화가 될 수 있다.

– 알파 –

자신의 글을 존중하는 시선이 필요하다. 지난 『위너모닝』 강의에서 내가 쓴 글이 누군가에게 위로와 힘을 줄 수 있다는 말씀을 드렸다. 나의 글이 부족하면 부족한 대로 깊어지면 깊어지는 대로 의미가 있다. 깊고 어려운 글을 쓰는 작가의 글은 쉬운 글을 찾는 독자에게는 다가설 수 없다. 반면 깊은 글을 원하는 독자에게는 쉬운 글을 쓰는 작가의 글이 공감되지 않는다.

세상에 불필요한 글은 없다. 초보라면 초보의 모습으로 고수라면 고수의 모습대로 쓸모가 있다. 여전히 배움을 쌓아가고 있는 중이다. 독서를 통해 인풋을 하고 책을 통해 아웃풋을 내고 있다. 나의 도전을 아름답게 봐주시는 감사한 분들에게 고마운 마음을 전하는 방법은 내가 경험한 것들을 진솔하게 글로 풀어내는 것이라 생각한다.

종종 그런 질문들을 주신다. "내 글은 부족해서, 내 글은 너무 못 써서 글을 쓸 용기가 나지 않아요."라고 말이다. 글을 쓰는 사람에게 가장 필요한 것은 글을 쓰고자 하는 마음이다. 마음을 먹고 나면 그다음에 필요한 것은 스스로를 향한 응원이다. "○○아 잘할 수 있어." 여기에 자신의 이름을 넣어보자. "알파야 잘할 수 있어, 오늘도 좋은 글을 쓰자."라고 매일 아침 나에게 말한다.

글쓰기가 참 어렵다. 쉽지 않다. 대작가들도 여전히 글쓰기가 어렵다고 한다. 시작한 지 얼마 안 된 초보의 글쓰기라면 어려운 것이 당연한 것이다. 그러니 스스로를 너무 몰아붙이지 말자. 나의 글을 사랑하고 존중하면서 잘 키워나가자. 알이 부화될 때 어미 새의 엄청난 헌신이 있다.

좋은 글을 쓰는 사람이 되기 위해서는 글을 쓰는 노력의 시간을 보내야 한다. 감사한 것은 보낸 시간만큼 글쓰기 실력도 성장한다는 사실이다. 여러분의 글이 세상을 아름답게 한다. 여러분의 마음속에 따뜻한 마음을 품고 있다면 그 글에도 온기가 따라붙는다. 용기를 가지고 글을 쓰자. 글을 써서 살아가는 삶에 행복이 있다.

14

어니스트 헤밍웨이도
글쓰기가 어렵다고 한다

글쓰기는 아무것도 아니다.
당신이 할 것은 타자기 앞에 앉아서 피를 흘리는 것이다.

- 어니스트 헤밍웨이 -

글쓰기에 어려움을 느낄 때가 있다. 그럴 때 어니스트 헤밍웨이의 말이 위로가 된다. 헤밍웨이도 글쓰기를 어려워했다는 사실에 힘이 난다. 그는 글을 쓰는 행위를 피를 흘리는 것에 비유했다. 그만큼 힘든 고뇌의 시간이 있음을 알 수 있는 대목이다. 헤밍웨이의 자서전을 보면 그의 삶도 파란만장하다.

해외에서 고생한 이야기, 인쇄소를 운영한 이야기 등 대작가로만 알고 있던 그의 삶도 다양한 여정이 있었음을 알 수 있다. 평생을 글에 대한 고민을 하고 글을 쓴 헤밍웨이조차도 글쓰기가 어렵다고 하니 위로를 받자. 내가 글을 쓸 때 잘 써지지 않는 것이 이상한 일이 아니다.

글이 잘 써지지 않는다고 스스로를 너무 몰아붙이지 말자. 혹은 내가 쓴 글이 마음에 안 든다고 스스로를 미워하지 말자. 처음부터 글을 잘 쓰는 사람은 없다. 어느 정도 궤도에 올랐다 싶은 이후에도 그건 마찬가지다. 계속해서 스스로를 돌아보고 더 나은 글을 위해 노력해야 하는 것이 글 쓰는 사람의 자세다.

평생 좋은 글을 향한 마음을 품어야 한다. 초반에 스스로의 글을 코너로 몰면 안 되는 이유다. 조금씩 천천히 좋아진다. 너무 빨리 포기하지 말자. 처음 쓴 글은 다소 부족한 게 당연하다. 처음부터 잘할 수는 없다는 걸 인정하는 것으로 출발해야 한다. 쌓아가는 시간을 통해서 성장을 경험할 수 있다.

책을 출간할 때마다 조금씩 나아지는 모습을 발견한다. 여전히 부족한 부분이 많지만 그런 지점을 만날 때마다 채워나가려 노력하고 있다. 글을 읽고 쓰는 삶을 계속하면 어제보다 나은 오늘을 만날 수 있다. 만약 당신이 글쓰기가 잘되지 않아서 마음이 힘들다면 어니스트 헤밍웨이의 말을 기억하자.

 글쓰기는 피를 흘리는 행위만큼 고통을 동반하는 것이라는 사실을 말이다. 늘 그렇듯이 고통의 시간이 가면 환희의 순간이 온다. 힘든 순간을 잘 이겨내자. 글쓰기로 새로운 삶이 펼쳐질 앞날을 기대하며 매일 열심히 글을 쓰는 삶을 살아가자.

15 작가의 마음이 전달되면 따뜻한 글이 된다

글 쓰는 사람의 마음은 독자에게 전달된다.

– 알파 –

필자가 추구하는 글쓰기는 따뜻한 글쓰기다. 따뜻한 마음이 독자에게 전달되면 글에 온기가 머물게 된다. 어떻게 하면 글에 따뜻한 기운을 넣을 수 있을까? 글 쓰는 사람의 마음을 글로 담아내면 된다. 내가 사용하는 방법은 내가 알고 있는 것을 최선을 다해 글로 풀어내는 것이다. 글쓰기에 관한 노하우에 대한 글을 쓸 때 경험한 모든 것을 녹여내려 노력한다.

알고 경험한 것을 글로 풀어내면 읽는 사람의 공감을 얻을 수 있다. 같은 길을 걸어가는 분들에게 유익한 정보를 제공하기 위해 경험을 자주 활용한다. 4,000편 이상의 글을 쓰면서 배우고, 느꼈던 것을 고스란히 전달해 드리면 읽는 분들에게 유익한 글이 된다. 독자분들은 작가의 그런 마음을 따뜻하게 받는다.

결국, 글 쓰는 사람이 따뜻한 마음을 가지고 글을 쓰면 온기가 담긴 글을 쓸 수 있다. 먼저 스스로를 돌아보고 마음의 온도를 끌어올려야 한다. 기분이 좋지 않을 때는 글을 쓰지 않으려 노력한다. 산책을 하거나 맛있는 음식을 먹거나 운동을 해서 기분을 좋게 만든다.

컨디션이 나쁠 때도 마찬가지다. 건강이 좋지 않으면 좋은 글을 쓰기 어렵다. 몸이 아픈 것에 신경이 집중되기 때문이다. 이런 상태에는 좋은 글을 쓸 수 없기에 과감히 휴식을 취한다. 사람에겐 쓸 수 있는 에너지에 제한이 있다. 타임 테이블을 촘촘하게 세팅하고 살아가지만 때로는 나의 상태에 맞게 과감하게 휴식을 취할 때도 필요하다.

에너지를 사용했으면 채우는 것에도 신경을 써야 한다. 마음밭이 건강해야 좋은 글을 쓸 수 있다. 매일 아침 미소를 짓고 나를 응원하는 시간을 가진다. 짧은 몇 마디의 응원이 하루를 힘차게 살아갈 동력을 준다. 글을 즐겁게 쓸 수 있는 동기부여가 된다. 나의 마음의 온기를 따뜻하게 유지하는 노력을 하자. 글을 쓰면 자연스럽게 온기가 스머드는 경험을 해보자. 직접 경험해 보면 더 따뜻한 글을 쓸 수 있는 삶을 살아갈 수 있다.

16. 글 쓰는 여정은 외로움과 동고동락하는 것이다

글쓰기는 세상에서 가장 외로운 노동이다.

- 존 스타인벡 -

글쓰기는 혼자 한다. 책상에 앉아 컴퓨터에 타자를 치는 노동을 동반한다. 글쓰기는 가장 외로운 시간과 만나는 여정이다. 고독과 만나는 기쁨이 있다. 글쓰기는 깊은 내면의 나와 조우하는 시간을 허락한다. 외로움을 너무 나쁜 감정으로 치부하지 말자. 삶을 살아가면서 의식하지 않으면 나를 만나기 어렵다.

최근 진행한 글쓰기 코칭에서 과제로 드린 질문이 세 가지 있다.

"나는 누구인가?", "나는 무엇을 좋아하는가?", "나는 무엇을 잘하는가?"이다. 많은 사람들이 이 세 가지 질문을 하지 않고 삶을 살아가는 경우가 많다. 지피지기면 백전불태라고 하지 않는가? 나를 알아야 더 나은 나를 만들어 나갈 수 있다.

외로운 시간을 즐기는 사람이 되어보자. 글을 쓰기 위해 나의 내면과 만나고 질문을 하고 답을 얻는 삶을 살아가자. 매일 아침 사색의 시간을 가진다. 외로움을 친구 삼아 하루를 시작한다. 그 시간이 주는 여운이 있다. 노을이 아름다운 코타키나발루 해변의 경치를 잊지 못한다.

노을이 아름답게 하늘을 수놓고 사라진 후 진한 여운이 있었다. 그 여운은 생각할 때마다 흐뭇한 미소를 짓게 한다. 외로움과 만나 쓴 글이 그렇다. 진한 여운이 남는다. 글을 쓰는 시간에 느낄 수 있는 다양한 감정들을 경험해 보자. 고난, 기쁨, 환희, 여운, 외로움, 쓸쓸함, 행복 등 다양한 감정을 만날 수 있다.

인생의 희로애락을 경험할 수 있는 글쓰기가 참 좋다. 매일 고독과 만나는 시간을 가진 후로 삶의 여유가 더 찾아왔다. 누구나 한 치 앞을 알 수 없는 삶을 살아간다. 누군가는 고독을 깊이 이해하고 살아간다. 고독을 대할 줄 아는 사람은 고독과 함께 찾아온 여유를 안다. 고독의 의미를 모르는 사람은 불안감 속에 살아간다.

이제 불안감도 컨트롤할 수 있는 여유를 가진 사람으로 살아가자. 그 해답은 아침의 고독을 즐기는 시간에 있다. 고독을 갖고 글을 쓰는 삶을 사는 것에서 해결의 실마리를 찾을 수 있다.

SUMMARY

글쓰기의 꽃은 출간이다. 이 책을 읽고 있는 당신도 작가가 될 수 있다. 누구나 책을 쓰는 작가가 될 수 있는 시대를 살아가고 있다. 각자의 아름다운 생각이 담긴 글이 세상을 변화시킨다. 당신의 이야기를 책으로 출간해 보자.

시작은 전자책이다. 다음은 종이책에 도전하면 된다. 글을 쓰는 삶을 통해 통찰력, 인지력, 공감력, 필력, 포용력, 이해력 등 다양한 능력을 키울 수 있다. 글을 쓰려면 인풋의 시간이 필요하다. 책을 읽고 글을 쓰는 삶을 살아가자. 생산적인 삶이 당신의 삶에 설렘을 선물해 줄 것이다.

에필로그

'글쓰기는 재능이 있는 사람이 하는 것 아닌가?'라는 생각을 하는 사람이 많았다. 그렇게 생각할 수도 있지만 필자는 조금 다르게 접근하고 싶다.

글쓰기는 노력의 영역이다. 노력의 시간을 쌓아가다 보면 달라지는 나를 만날 수 있기 때문이다. '노력+노력 = 재능'이라고 말하고 싶다.

처음부터 재능을 타고난 사람도 있겠지만 노력으로 재능을 만드는 사람도 있을 수 있다는 가능성을 말하고 싶다. 필자도 노력으로 재능을 만든 케이스 중 하나라고 말씀드리고 싶다.

글쓰기에 있어서 가장 필요한 것은 글을 쓰는 삶을 지속하는 끈기다. 끈기가 재능을 이긴다는 말이 있다. 글을 잘 쓰는 사람의 글을 보면 '저 사람은 재능이 뛰어나서 잘 쓰는 것 아닌가?'라는 의문을 가진다.

그 사람의 지나온 삶의 과정을 살펴보면 대부분 '끈기 있게 노력했구나!'라고 생각하게 된다. 존경받는 대부분의 작가들의 저서를 보면 오랜 시간 노력한 끝에 100여 권의 출간을 이뤘음을 알 수 있다.

사람들은 과정을 살펴보기보다는 결과만 보는 경향이 있다. 한 사람의 현재의 모습이 있기까지는 오랜 시간 노력한 과정이 있음을 잊지 말아야 한다.

글쓰기는 오랜 시간 글을 쓰는 삶을 통해 성장한다. 매일 글을 쓰다 보면 자신의 내면과 만난다. 나에게 질문을 하고 답을 듣는 과정을 통해 내적 성장을 이룰 수 있다.

처음부터 거창한 목표를 가지고 글을 쓸 필요는 없다. 작은 것부터 글을 쓰면서 글 쓰는 삶의 매력을 조금씩 알아가자. 시작부터 너무 많은 것을 얻으려 하지 말자. 조금씩 글을 쓰면서 작은 성공을 경험해 보자.

하루 한 편씩 글을 써보자. 시작부터 책을 쓰지 않아도 된다. 시작은 일상의 소소함을 기록하는 것으로 시작하자. 처음에는 나를 향한 글로도 충분하다. 나를 존중하고 응원하는 글을 써보자.

나를 향한 글이 내적 치유를 경험하게 한다. 상처로 아팠던 기억을 치료하는 시간을 보낼 수 있다. 마음에 따뜻함이 찾아오면서 상처가 아물어 가는 경험을 할 수 있다. 치유된 마음은 타인을 향한 마음으로 성장한다. 그 마음이 타인을 향한 따뜻한 시선이 된다.

내적 치유를 경험한 글쓴이의 글은 세상을 밝힐 수 있는 아름다운 글이 된다. 당신도 세상을 밝히는 아름다운 글을 쓰는 사람일 수 있다. 용기를 가지고 글을 쓰자. 그 글을 쓰는 삶을 이어가면서 출간으로 나아가는 행복을 경험해 보자.

필자는 글을 쓰는 삶이 주는 설렘을 경험하며 살아가고 있다. 여러분의 삶에도 글쓰기를 통해 행복이 가득하길 바란다.『위너라이팅』이 여러분의 삶을 변화시키는 단초가 되길 바란다.『위너라이팅』이 출간될 수 있도록 응원해 주신 모든 분들께 감사드린다.

WINNER
WRITING

위너라이팅

초판 1쇄 발행 2025. 3. 5.

지은이 알파(최지훈)
펴낸이 김병호
펴낸곳 주식회사 바른북스

편집진행 황금주
디자인 이강선

등록 2019년 4월 3일 제2019-000040호
주소 서울시 성동구 연무장5길 9-16, 301호 (성수동2가, 블루스톤타워)
대표전화 070-7857-9719 | **경영지원** 02-3409-9719 | **팩스** 070-7610-9820

•바른북스는 여러분의 다양한 아이디어와 원고 투고를 설레는 마음으로 기다리고 있습니다.

이메일 barunbooks21@naver.com | **원고투고** barunbooks21@naver.com
홈페이지 www.barunbooks.com | **공식 블로그** blog.naver.com/barunbooks7
공식 포스트 post.naver.com/barunbooks7 | **페이스북** facebook.com/barunbooks7

ⓒ 알파(최지훈), 2025
ISBN 979-11-7263-985-3 03190

•파본이나 잘못된 책은 구입하신 곳에서 교환해드립니다.
•이 책은 저작권법에 따라 보호를 받는 저작물이므로 무단전재 및 복제를 금지하며,
이 책 내용의 전부 및 일부를 이용하려면 반드시 저작권자와 도서출판 바른북스의 서면동의를 받아야 합니다.